HAMBUR GUESAS

Gourmet

Bocadillos y sándwiches

TIKAL

Dirección editorial: Isabel Ortiz
Diseño y maquetación: Mari Salinas
Corrección: Álvaro Villa
Fotografía: Roberto Uriel y Rocío Cuenca (Hamburguesas),
            Hans Geel (Bocadillos y sándwiches)
Estilismo: Ángela García
Preimpresión: Miguel Ángel San Andrés

© SUSAETA EDICIONES, S.A. - Obra colectiva
Tikal Ediciones
C/ Campezo, 13 - 28022 Madrid
Tel.: 91 3009100 - Fax: 91 3009118
www.susaeta.com

Hamburguesas Bocadillos y Sándwiches

Sumario

Hamburguesas

Presentación

Si bien su origen es incierto –ya desde la Antigüedad existen referencias culinarias del uso de la carne picada y condimentada para consumir de diversas maneras–, el concepto de hamburguesa que hoy conocemos nació en el siglo xix en Estados Unidos. Eso sí, su autoría sigue siendo hoy por hoy un tema que suscita discusión y polémica.

La hamburguesa comenzó su andadura y se hizo famosa como comida rápida *(fast food)* y poco saludable, pues se suelen emplear en su elaboración restos y carnes de baja calidad. Sin embargo, hoy se reinventa de la mano de grandes chefs que, con su toque personal y los mejores ingredientes, hacen de ella un plato digno de los más exigentes *gourmets.*

Hoy las hamburguesas son algo más que un filete de carne picada con lechuga, tomate, cebolla, queso, pepinillo, mostaza y kétchup, y renacen transformadas en exóticas, variadas y elaboradas combinaciones de productos selectos.

En este libro tratamos de recoger desde la receta más tradicional hasta una selección de las más exquisitas y sorprendentes combinaciones que se pueden realizar en casa para deleitar a todos los paladares.

Incluimos sugerencias sobre guarniciones para acompañar las distintas hamburguesas y en algunos casos explicamos con detalle cómo prepararlas. Lo mismo vale para las salsas: ambos elementos son fundamentales para conseguir una hamburguesa perfecta.

Salsas

Guarniciones

NOTA: Sobre estas líneas listamos las salsas y guarniciones cuyas recetas están incluidas en el libro; el número junto al nombre indica la página en la que se encuentran los ingredientes y las instrucciones para su preparación.

1

2

2

3

4

5

DARNA

6

7

8

9

10

11

12

13

Hamburguesas

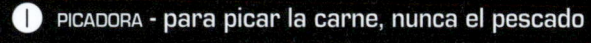

Materiales

Mostramos aquí todos los materiales necesarios para hacer las recetas de este libro. Independientemente de las marcas, todos se pueden encontrar en cualquier tienda con facilidad.

(14)

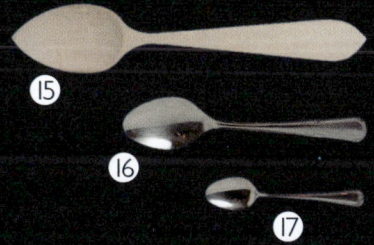

(15)

(16)

(17)

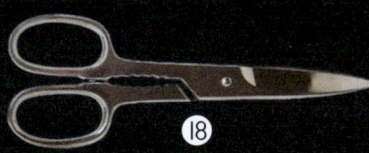

(18)

(19)

(21)

(20)

1. PICADORA - para picar la carne, nunca el pescado
2. PLANCHAS - para las hamburguesas y las verduras
3. SARTÉN - igual que la plancha, y además para freír y rehogar
4. TABLA DE CORTAR - para cortar verduras y picar a mano el pescado
5. CUCHILLO - para cortar verduras y para picar
6. CAZO - para salsas con reducción
7. ACEITERA - para engrasar la plancha y dosificar el aceite
8. MORTERO - para mezclar y hacer majados
9. CUENCOS - para mezclar todo tipo de ingredientes
10. PINZAS - para voltear verduras a la plancha
11. ESPÁTULA - para dar la vuelta a las hamburguesas sin romperlas
12. MOLINILLO DE PIMIENTA - dosifica la pimienta y preserva su aroma
13. SALERO - dosifica la cantidad de sal
14. BÁSCULA DIGITAL - para pesar ingredientes y dividir porciones
15. CUCHARA DE MADERA - para mezclar ingredientes
16. CUCHARA - para salsear las hamburguesas y usarla como medida
17. CUCHARILLA - para untar, mezclar y como medida
18. TIJERAS DE COCINA - para trocear beicon, jamón o picar en algún caso
19. VASO - como medida de referencia
20. TAZA - como medida de referencia
21. VINAGRERA - para dosificar la cantidad de vinagre y salsa de soja

NOTA: No es imprescindible disponer de todos estos utensilios para realizar correctamente las recetas, solo los señalamos como una referencia práctica para orientar en la preparación de las hamburguesas.

Hamburguesas

Preparación básica

Siguiendo estos sencillos pasos y atendiendo a las peculiaridades explicadas en cada receta, hacer unas hamburguesas deliciosas es pan comido. Es importante, eso sí, elegir siempre ingredientes de buena calidad.

1. Asegurarse de tener todos los ingredientes y prepararlos.

2. Picar la carne, el pescado o las verduras.

3. Mezclar el picadillo con el resto de ingredientes.

4. Dividir la mezcla en porciones y darles forma a las hamburguesas.

5. Calentar la plancha o la sartén y echar un chorrito de aceite.

6. Cocinar la hamburguesa entre 3 y 4 minutos por cada lado, y tener cuidado al darle la vuelta.

7. Tostar el pan y montar la hamburguesa con los ingredientes indicados como acompañamiento.

8. Para terminar, presentarla junto con la guarnición.

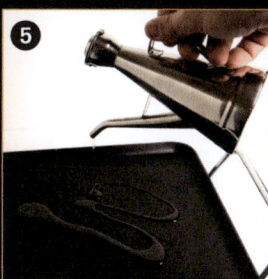

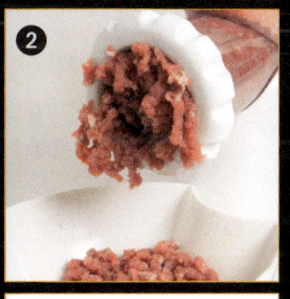

Pan casero para hamburguesas

INGREDIENTES

Para 8 panecillos:

- 150 ml de leche
- 1 sobre de levadura de panadería
- 2 huevos
- 25 ml de aceite de oliva
- 2 cucharaditas de sal
- 500 g de harina de fuerza
- 20 g de azúcar

Para la decoración:

- agua o huevo
- semillas de sésamo, de amapola o cereales

PREPARACIÓN

Los panecillos:

Echar la levadura en un vaso, verter encima un poco de leche y remover para disolverla. Batir en un cuenco aparte el resto de la leche con un huevo, el aceite y la sal. En otro cuenco grande, mezclar la harina con el azúcar, hacer un agujero en el centro y verter el contenido del vaso y del otro cuenco. Mezclar con una cuchara de madera de fuera hacia dentro y después amasar con las manos durante unos minutos. Cuando la masa esté bien ligada, formar una bola y ponerla en un cuenco grande ligeramente engrasado con aceite de oliva. Taparla con un paño de cocina y dejarla levar durante 1 hora o 1 hora y 30 minutos (dependerá de la temperatura de la habitación): debe duplicar su volumen. Amasarla de nuevo y dividirla en ocho porciones iguales. Formar bolas con ellas y aplastarlas ligeramente. Disponerlas en la bandeja del horno engrasada y espolvoreada con harina, taparlas con un paño y dejarlas reposar otra vez entre 1 hora y 1 hora y 30 minutos, para que vuelvan a duplicar su volumen. Precalentar el horno a 220 °C, con calor arriba y abajo. En el momento de meter los panecillos, pulverizar con agua el horno, bajar la temperatura a 200 °C y cocerlos entre 10 y 15 minutos.

La decoración:

Para dar brillo a los panecillos, antes de meterlos al horno pintarlos con un poco de huevo batido o con agua; si se quiere añadir unas semillas o unos cereales, esto también servirá para que se queden pegados.

Hamburguesas
de carnes rojas

Siempre que pensamos en hamburguesas de carne solemos pensar en el cerdo o la ternera, el gran clásico de las hamburguesas y un sabor que gusta a todo el mundo; pero hay también otras opciones igualmente deliciosas, como las hamburguesas hechas con carne de conejo o de cordero.

Hamburguesa de buey teriyaki con salsa de naranja

INGREDIENTES

Para las hamburguesas:

- 4 panes de hamburguesa
- 600 g de solomillo de buey
- 75 ml de salsa de soja
- 2 dientes de ajo
- 1 cucharadita de aceite de sésamo
- 2 cucharadas de vinagre de arroz
- 1 cucharada de maicena
- 2 cucharadas de azúcar moreno
- 2 cucharaditas de jengibre en polvo
- 1 huevo, pimienta, sal

Para la salsa:

- 100 ml de zumo de naranja
- vino blanco
- 1 cucharadita de ralladura de naranja
- 2 cucharadas de azúcar
- 25 g de mermelada de naranja
- sal, pimienta
- 2 cucharadas de maicena

Para el acompañamiento:

- mezcla de rúcula, berros, hoja de roble y canónigos

Para la guarnición:

- zanahoria, calabacín, berenjena
- cebolla, pimiento
- harina de tempura
- aceite (preferiblemente de girasol)

PREPARACIÓN

Las hamburguesas:

Para hacer el teriyaki, batir juntos la salsa de soja, el ajo, el aceite de sésamo, el vinagre, la maicena, el azúcar y el jengibre. Luego poner la mezcla al fuego para que espese. Reservar. Echar la carne picada en un cuenco, añadir el huevo y salpimentar; remover bien. Dividir la mezcla en cuatro bolas de unos 150 g y aplastarlas hasta que queden de un grosor de unos 4 cm. Calentar la plancha o la sartén, pincelar la carne con la salsa teriyaki, echar un poco de aceite y cocinar las hamburguesas unos 4 minutos por cada lado.

La salsa:

En un cazo poner a calentar el zumo de naranja con un chorrito de vino blanco (si hay niños se puede prescindir de él), la ralladura de naranja, el azúcar, la mermelada y una pizca de sal y de pimienta. Incorporar la maicena sin dejar de remover. Cuando rompa a hervir, retirar la salsa del fuego y seguir removiendo hasta que no queden grumos y se espese.

La guarnición:

Para la tempura, ha de usarse agua bien fría (al menos 2 horas en la nevera). Cortar las verduras en tiras largas, y finas en el caso de la zanahoria, el calabacín y la berenjena. Poner a calentar abundante aceite en una sartén. Mientras, echar en un cuenco la harina y agregarle agua fría hasta conseguir una textura cremosa. Sumergir las verduras en la tempura y luego en el aceite hasta que se doren un poco. Dejarlas escurrir sobre papel de cocina.

La presentación:

Abrir el pan y tostarlo ligeramente por el interior. Montar un lecho de ensalada, colocar encima la carne y echar sobre ella un poco de salsa. Acompañar la hamburguesa con la tempura y un cuenco bajo con salsa de soja mezclada con vinagre de arroz.

Hamburguesa de buey con salsa de pimiento rojo y parmesano

INGREDIENTES

Para las hamburguesas:

- 4 panes de hamburguesa
- 600 g de solomillo de buey
- 1 huevo
- aceite de oliva
- pimienta
- sal

Para la salsa:

- 1 pimiento rojo grande
- 1 cebolla mediana
- sal
- pimienta
- brandy
- nata líquida para cocinar

Para el acompañamiento:

- mezcla de rúcula, berros, hoja de roble y canónigos
- tomate
- queso parmesano

Para la guarnición:

- patatas fritas o patata asada a las finas hierbas

PREPARACIÓN

Las hamburguesas:

Poner la carne picada en un cuenco y añadir el huevo, sal y pimienta al gusto; remover bien. Dividir la mezcla en cuatro bolas de unos 150 g y aplastarlas hasta que queden de un grosor de unos 4 cm. Calentar la plancha o la sartén, echar un poco de aceite y cocinar las hamburguesas unos 4 minutos por cada lado.

La salsa:

Comenzar asando el pimiento en el horno. Cuando esté listo, pelarlo, quitarle las semillas y picarlo en trozos pequeños. Picar también la cebolla y sofreírla con aceite. Cuando esté blanda, agregar a la sartén el pimiento, sal, pimienta y un chorrito de brandy; dejarlo al fuego unos minutos para que el alcohol se rebaje. Retirar la sartén del fuego y pasar la salsa por la batidora o por el chino. Para terminar, ponerla nuevamente al fuego, añadir un chorrito de nata, remover y dejar reducir.

La presentación:

Abrir el pan y tostarlo ligeramente por el interior. Disponer un lecho de ensalada y unas rodajas de tomate en la base. Colocar encima la carne y echar sobre ella salsa de pimiento. Para terminar, rallar en virutas el parmesano sobre la salsa y presentar la hamburguesa en un plato con la guarnición elegida.

Hamburguesa de ternera classic bacon cheeseburguer

INGREDIENTES

Para las hamburguesas:

- 4 panes de hamburguesa
- 600 g de carne magra de ternera
- 60 g de tocino fresco
- aceite de oliva
- pimienta
- sal

Para la salsa:

- kétchup
- mostaza

Para el acompañamiento:

- 4 lonchas de queso cheddar
- 8 lonchas de beicon

PREPARACIÓN

Las hamburguesas:

Picar la ternera y el tocino, añadir sal y pimienta al gusto, y mezclar todo bien. Dividir la carne en cuatro bolas de unos 150 g y después aplastarlas con la mano hasta que tengan entre 3 y 5 cm de grosor. Calentar la plancha o la sartén y echar unas gotas de aceite.

Poner el beicon y dejar que se dore, dándole la vuelta de vez en cuando hasta que quede crujiente. Retirar el beicon y poner la carne; al cabo de unos 4 minutos darle la vuelta y sobre la parte ya hecha poner una loncha de queso y dos lonchas de beicon; en 4 minutos más la hamburguesa estará lista.

La salsa:

El kétchup y la mostaza se presentan en dos cuenquitos con cucharillas o en sus envases correspondientes para que cada comensal los añada a su gusto.

La presentación:

Abrir el pan y tostarlo ligeramente por el interior. Trocear la lechuga y preparar un lecho sobre el pan. Cortar una rodaja de cebolla, desmontarla y añadir unos cuantos aros. Cortar dos o tres rodajas de tomate y ponerlas sobre la cebolla. Añadir una cucharadita de mayonesa y cubrir todo con la carne, el queso y el beicon.

Tapar con el pan y servir al lado la guarnición elegida.

- lechuga iceberg
- cebolla
- tomate
- mayonesa

Para la guarnición:

Hamburguesas de carne

Hamburguesa de añojo con setas y huevos de codorniz

INGREDIENTES

Para las hamburguesas:

- 4 panes de hamburguesa
- 600 g de añojo
- 60 g de paté al oporto
- aceite de oliva
- pimienta
- sal

Para el acompañamiento:

- 4 setas de cardo
- 2 dientes de ajo
- 8 huevos de codorniz
- lechuga rizada

Para la salsa:

- tomate triturado

Para la guarnición:

- patatas fritas en dados o verduras a la plancha con salsa alioli suave

PREPARACIÓN

Las hamburguesas:

Poner la carne picada y el paté en un cuenco, añadir sal y pimienta al gusto, y mezclar bien. Dividir la mezcla en cuatro bolas de unos 150 g y aplastarlas hasta que queden de un grosor de 3 a 4 cm. Calentar la plancha o la sartén, echar un poco de aceite y poner la carne y las setas ya preparadas (ver más abajo) para que se calienten. Las hamburguesas basta con hacerlas unos 4 minutos por cada lado.

El acompañamiento:

Laminar las setas y picar los ajos. Echar aceite en una sartén y cuando esté caliente dorar el ajo. Añadir las setas y dejarlas al fuego hasta que se ablanden. Retirarlas de la sartén y darles el último toque para dorarlas al mismo tiempo que se hace la carne.

La presentación:

Abrir el pan y tostarlo ligeramente por el interior. Con una cucharilla untar el pan con tomate triturado y preparar un lecho de lechuga. Poner encima la carne y las setas. En una sartén pequeña con abundante aceite freír un par de huevos de codorniz y ponerlos sobre las setas: como los huevos son muy pequeños, es importante tener en cuenta que se hacen prácticamente según entran en el aceite caliente, por lo que hay que tener cuidado para que las yemas no se cuajen en exceso.

Hamburguesa de ternera desestructurada a los dos quesos

INGREDIENTES

Para las hamburguesas:

- 4 panes de hamburguesa
- 600 g de carne de ternera picada
- 60 g de beicon en taquitos
- aceite de oliva
- pimienta
- sal

Para la salsa y el acompañamiento:

- 1 cebolla
- 1 pimiento rojo dulce
- 2 tomates
- azúcar, sal
- queso gouda viejo
- queso cheddar

Para la guarnición:

- mezcla de lechugas
- tomatitos cherry
- olivas negras
- orégano
- vinagre balsámico

PREPARACIÓN

Las hamburguesas:

Poner la carne en un cuenco y salpimentarla. En una sartén con un poco de aceite sofreír ligeramente el beicon, añadir la carne picada, desmigarla y mezclarla con el beicon, removiendo hasta que la carne quede sellada. Retirar y reservar.

La salsa:

Pelar y picar la cebolla y el pimiento, y pocharlos en una sartén con un poco de aceite. Pelar los tomates, rallarlos y añadirlos a la sartén cuando la cebolla y el pimiento estén bien pochados. Agregar una cucharada de azúcar y una pizca de sal. Dejar reducir y espesar a fuego lento.

La presentación:

Abrir el pan y tostarlo ligeramente por el interior. Extender una capa de salsa sobre la base y untar el interior de la tapa. Poner el pan en una bandeja de horno con las partes con salsa hacia arriba. Disponer la carne sobre la base y echar encima una mezcla de virutas de queso. Calentar el horno y poner el gratinador. Cuando esté caliente, introducir las hamburguesas y retirarlas una vez que el queso se derrita y comience a dorarse. Presentar las hamburguesas en un plato junto a una ensalada de mezcla de lechugas, tomates cherry y olivas negras aliñada con sal, orégano, vinagre y un chorro de aceite.

Hamburguesa de solomillo con foie y crema de higo

INGREDIENTES

Para las hamburguesas:

- 4 panes de hamburguesa
- 600 g de solomillo de buey
- 50 g de tocino fresco
- aceite de oliva
- pimienta
- sal

Para la salsa:

- 4 higos secos
- 2 orejones de melocotón
- 3 ciruelas pasas sin hueso
- 300 ml de oporto
- 1 cucharadita de piñones
- 300 ml de nata para cocinar
- 50 g de mantequilla
- pimienta
- sal

Para el acompañamiento:

- 200 g de foie fresco
- lechuga batavia u hoja de roble

Para la guarnición:

- chips de manzana o de verduras

PREPARACIÓN

Las hamburguesas:

Picar la carne y el tocino y echarlos en un cuenco; salpimentar al gusto, mezclar bien y dejar reposar mientras se prepara la salsa (ver más abajo). Cuando la salsa esté terminada, dividir la mezcla de carne y tocino en cuatro bolas de unos 150 g y aplastarlas hasta que queden de un grosor de entre 3 y 4 cm. Calentar la plancha o la sartén, echar un poco de aceite y poner la carne y un filete pequeño de foie; cocinarlos unos 4 minutos por cada lado. Es importante usar una espátula para manejar el foie fresco y darle la vuelta, ya que se rompe con facilidad.

La salsa:

Filetear los higos secos, los orejones y las ciruelas. Ponerlos a macerar durante 2 horas en el oporto. Echar un poco de aceite en una sartén y, cuando esté caliente, agregar los piñones, las frutas, un poco del oporto donde se han remojado, sal y pimienta. Remover e incorporar la nata y la mantequilla. Dejar que la salsa se reduzca.

La presentación:

Abrir el pan y tostarlo ligeramente por el interior con un poco de aceite de oliva. Poner una base de lechuga, colocar encima la hamburguesa y el foie, y añadir una cucharada de salsa caliente. Tapar con el pan y servir la hamburguesa en un plato acompañada de la guarnición elegida.

Hamburguesas de carne

Hamburguesa de cerdo con salsa de curry y piña

INGREDIENTES

Para las hamburguesas:

- 4 panes de hamburguesa
- 600 g de solomillo de cerdo
- 1 cebolla
- 1 huevo
- aceite de oliva
- pimienta
- sal

Para la salsa:

- 1 tacita de nata
- 2 cucharaditas de curry en polvo (puede ser picante)
- sal

Para el acompañamiento:

- lechuga iceberg
- 4 rodajas de piña fresca
- 4 lonchas de queso maasdam

Para la guarnición:

- 2 dientes de ajo
- 6 lonchas de beicon
- 2 tazas de arroz
- aceite

PREPARACIÓN

Las hamburguesas:

Sofreír la cebolla picada muy menuda hasta que se poche. Poner la carne picada en un cuenco, añadir el huevo, la cebolla, sal y pimienta al gusto, y mezclar todo bien. Dividir la mezcla en cuatro bolas de unos 150 g y aplastarlas hasta que queden de un grosor de 3 a 4 cm. Calentar la plancha o la sartén con aceite y hacer la carne unos 4 minutos por cada lado.

La salsa:

Verter la nata en una sartén y, cuando esté caliente, echar el curry y una pizca de sal. Remover y dejar reducir un poco a fuego lento.

La guarnición:

Filetear los dientes de ajo y sofreírlos. Retirarlos de la sartén y freír el beicon troceado. Sacarlo de la sartén y usar el mismo aceite para dorar el arroz en una cazuela; después añadir agua hasta cubrirlo y una pizca de sal, y dejarlo cocer 30 minutos. Cuando esté listo, rehogarlo 5 minutos en una sartén con un poco de aceite y el beicon. Es importante removerlo para que quede suelto.

La presentación:

Abrir el pan y tostarlo por el interior. Disponer un lecho de lechuga, una loncha de queso y una rodaja de piña. Añadir la carne y echar sobre ella la salsa. Presentar la hamburguesa en un plato con su guarnición.

Minihamburguesas de solomillo ibérico y queso manchego

INGREDIENTES

Para las hamburguesas:

- 8 panecillos de miniburguer
- 250 g de solomillo ibérico
- aceite de oliva
- pimienta
- sal

Para el acompañamiento:

- 3 lonchas de panceta
- 4 cebollitas francesas
- queso manchego curado
- rúcula
- tomates cherry

Para la decoración:

- palitos de brocheta

Para la guarnición:

- patatas fritas
- salsa al gusto

PREPARACIÓN

Las hamburguesas:

Echar la carne picada en un cuenco, salpimentarla al gusto y mezclar bien. Formar con la carne ocho bolitas de unos 30 g y aplastarlas hasta que queden de un grosor de 2 a 3 cm. Calentar la plancha o la sartén con un poco de aceite y hacer las minihamburguesas 3 minutos por un lado; darles la vuelta, poner encima una lonchita de queso manchego del tamaño de la carne y hacerlas 3 minutos por el otro lado.

El acompañamiento:

Calentar la plancha o la sartén y echar unas gotas de aceite. Cortar la panceta en trozos de un tamaño adaptado a las minihamburguesas, salarlos ligeramente y pasarlos por la plancha. Cortar las cebollitas por la mitad y dorarlas en la misma plancha.

La presentación:

Abrir el pan y tostarlo por el interior. Disponer en la base unas hojas de rúcula, una rodaja de tomate, la carne con el queso, un trocito de panceta y media cebollita. Tapar con el otro pan. Para que no se desmorone la hamburguesa, atravesarla con un palito de brocheta. Presentar las minihamburguesas en una fuente sobre un lecho de patatas fritas y, en un cuenquito, la salsa que se prefiera para acompañarlas.

Hamburguesa de presa ibérica con mostaza verde, champiñón y queso de cabra

INGREDIENTES

Para las hamburguesas:

- 4 panes de hamburguesa
- 600 g de presa ibérica
- 2 cucharaditas de mostaza verde suave
- aceite de oliva
- pimienta
- sal

Para la salsa:

- mermelada de cebolla

Para el acompañamiento:

- champiñones laminados
- rulo de queso de cabra
- lechuga hoja de roble

Para la guarnición:

- patatas
- jamón, queso manchego
- aceite de oliva
- pimientos del piquillo fritos

PREPARACIÓN

Las hamburguesas:

Picar la carne y añadirle sal, pimienta y la mostaza; mezclar bien. Dividir la carne en cuatro bolas de unos 150 g y aplastarlas hasta que queden de un grosor de entre 3 y 4 cm. Calentar la plancha o la sartén y echar aceite. Cocinar las hamburguesas unos 4 minutos por cada lado y aprovechar para calentar ocho rodajitas de queso de cabra. Es importante usar una espátula y tener cuidado al manipularlas, ya que se desmoronan con facilidad.

La guarnición de patatas asadas:

Asar las patatas y, cuando estén blandas, partirlas por la mitad. Con una cuchara, vaciar parte de la pulpa de las patatas y mezclarla en un plato con un poco de aceite y sal, aplastando con un tenedor. Rellenar de nuevo las patatas y echar por encima unos daditos de jamón y queso manchego rallado. Gratinarlas 10 minutos.

La presentación:

Abrir el pan y tostarlo ligeramente por el interior. Poner una base de hoja de roble, unas láminas de champiñón, la hamburguesa y dos rodajitas de queso de cabra. Añadir una cucharadita de mermelada de cebolla, tapar con el pan y servir la hamburguesa en un plato acompañada de las patatas y los pimientos fritos.

Hamburguesa de boudin noir con cebolla en dos texturas y queso gouda

INGREDIENTES

Para las hamburguesas:

- 4 panes de hamburguesa
- 600 g de morcilla
- aceite de sésamo
- 1/2 cucharadita de pimentón dulce
- aceite de oliva
- sal

Para el acompañamiento:

- 2 cebollas dulces
- 1 cebolla morada
- queso gouda

Para la guarnición:

- patatas
- mantequilla
- crema de queso para untar
- queso para gratinar
- tomillo

PREPARACIÓN

Las hamburguesas:

Quitar la piel a las morcillas y echar el relleno en un cuenco con dos cucharaditas de aceite de sésamo, el pimentón y sal; remover bien. Dividir la mezcla en cuatro partes y darles forma de hamburguesa no muy gruesa. Calentar la plancha o la sartén y echar aceite. Cocinar las hamburguesas unos 4 minutos por cada lado.

La guarnición:

Asar las patatas en el horno a 220 °C. Cuando estén blandas, partirlas por la mitad. Con una cuchara, vaciar parte de cada patata y mezclar la pulpa con un poco de mantequilla y sal. Rellenar de nuevo las patatas y echar encima de cada una un montoncito de crema de queso, un poco de tomillo y queso para gratinar. Meterlas en el horno hasta que estén gratinadas.

La presentación:

Pelar las cebollas dulces y cortarlas en rodajas finas para pocharlas en una sartén con aceite. Pelar y picar la cebolla morada. Abrir el pan y tostar la base ligeramente por el interior. Poner un lecho de cebolla dulce y encima la hamburguesa con el queso gouda. Meterla al horno para que se funda el queso y aprovechar para tostar también la tapa del pan. Al sacar las hamburguesas echar sobre el queso un poco de cebolla picada cruda. Presentar la hamburguesa en un plato junto a la patata asada.

Hamburguesa de mollejas de cordero con salsa picante de chocolate al brandy

INGREDIENTES

Para las hamburguesas:

- 4 panes de hamburguesa
- 550 g de mollejas de cordero
- 1/2 taza de pan rallado
- ajo en polvo
- aceite de oliva
- sal y pimienta

Para la salsa:

- 1 cebolla grande
- 2 zanahorias
- 2 hojas de laurel
- 6 granos de pimienta negra
- 1 tomate
- 1 guindilla pequeña o cayena
- 1 copita de brandy
- caldo de carne
- 50 g de chocolate (70 % cacao)

Para el acompañamiento:

- hojas de espinaca o canónigos

Para la guarnición:

- patatas
- queso para gratinar

PREPARACIÓN

Las hamburguesas:

Se pueden comprar las mollejas limpias o bien poner agua a calentar con un poco de sal y, cuando rompa a hervir, introducir las mollejas durante cinco minutos para blanquearlas. Retirarlas, aclararlas con agua fría y pelarlas. A continuación trocearlas y pasarlas por la picadora (muy poco o se licuarán), añadir el pan rallado, ajo en polvo y salpimentar. Dividir la carne en cuatro porciones y formar hamburguesas no muy gruesas. Pasarlas por la plancha hasta que queden doradas y se tuesten un poco.

La salsa:

Pelar y picar la cebolla y las zanahorias. Rallar el tomate. Echar la verdura en una cazuela junto con las hojas de laurel, la pimienta y un poco de guindilla seca sin pepitas. Cuando la verdura esté pochada, añadir un chorrito de brandy, dejar que se consuma un poco y agregar una tacita de caldo. Retirar el laurel y los granos de pimienta, pasar la mezcla por la batidora, añadir el chocolate y dejar reducir la salsa.

La presentación:

Abrir el pan y tostarlo ligeramente por el interior. Disponer un lecho de hojas de espinaca y colocar encima las hamburguesas. Regar con un poco de salsa y presentar en un plato junto con unas patatas fritas con queso gratinado al horno.

Hamburguesa de cordero estilo morocco con salsa de yogur y albahaca

INGREDIENTES

Para las hamburguesas:

- 4 panes de hamburguesa
- 600 g de pierna de cordero
- 1/2 cebolla morada
- hierbabuena, cilantro, guindilla
- cúrcuma, azafrán, comino
- 2 huevos
- 2 cucharadas de pan rallado
- sal y pimienta

Para la salsa:

- 250 g de yogur natural
- 4 cucharadas de nata
- 3 dientes de ajo
- albahaca
- sal gorda, pimienta negra
- zumo de limón
- 3 cucharadas de aceite

Para el acompañamiento:

- tomate

Para la guarnición:

- 300 g de cuscús
- 2 zanahorias
- 1 cebolla mediana
- 2 dientes de ajo
- 2 tomates rojos
- 1 pimiento rojo
- 1/2 taza de caldo de ave
- pimienta negra, perejil
- pimentón dulce, comino

PREPARACIÓN

Las hamburguesas:

Picar la cebolla, la hierbabuena, el cilantro y la guindilla (sin las pepitas). Poner la carne picada en un cuenco, añadir la cebolla y las hierbas, salar y especiar. Incorporar los huevos, el pan rallado y mezclar todo bien. Dividir la mezcla en cuatro bolas y aplastarlas hasta que queden de un grosor de entre 3 y 4 cm. Calentar la plancha o la sartén, echar un poquito de aceite y poner las hamburguesas; basta hacerlas 4 o 5 minutos por cada lado.

La salsa:

Echar en un cuenco el yogur con la nata y mezclar hasta que quede suave. Incorporar los ajos picados y albahaca, salpimentar y agregar un chorrito de limón y el aceite. Batir hasta que todo quede bien mezclado.

La guarnición:

Cortar en rodajas las zanahorias; picar la cebolla y los ajos; pelar el tomate y limpiar el pimiento, y cortar ambos en daditos. Pochar la zanahoria, el ajo y la cebolla y luego añadir el tomate, el pimiento, las especias y el caldo de ave; dejar reducir un poco. Poner el cuscús en remojo durante unos cinco minutos. Después escurrirlo y cocerlo al vapor en una olla apropiada durante unos 20 minutos.

La presentación:

Abrir el pan y tostarlo ligeramente. Frotar el interior con un trozo de tomate. Disponer encima una rodaja de tomate a la plancha, la carne y un poco de salsa de yogur. Presentar en el plato con un montoncito de cuscús regado con un poco de su salsa.

Hamburguesas de carne

Hamburguesa de cordero con espinacas y gratinado de cuatro quesos

INGREDIENTES

Para las hamburguesas:

- 4 panes de hamburguesa
- 600 g de pierna de cordero
- 1/2 cebolla morada
- 2 huevos
- 2 cucharadas de pan rallado
- aceite de oliva
  - sal y pimienta

Para la salsa:

- aceite aromático de tomate

Para el gratinado:

- queso azul
- queso cheddar
- queso gouda
- queso manchego curado o semicurado

Para el acompañamiento:

- hojas de espinaca o canónigos

Para la guarnición:

- patatas fritas o aros de cebolla

PREPARACIÓN

Las hamburguesas:

Picar la cebolla y ponerla junto a la carne picada en un cuenco. Añadir los huevos, el pan rallado, sal y pimienta al gusto; mezclar todo bien. Dividir la mezcla en cuatro bolas de unos 150 g y aplastarlas hasta que queden de un grosor de entre 3 y 4 cm. Calentar la plancha o la sartén, echar un poquito de aceite y poner las hamburguesas; basta con unos 3 minutos por cada lado, ya que terminarán de hacerse en el horno al gratinar el queso. Es importante tener esto en cuenta, pues la carne se puede secar demasiado y arruinar las hamburguesas.

El gratinado:

Rallar los quesos en virutas, menos el azul, que hay que trocearlo. Disponer las hamburguesas en una fuente para horno sobre unas gotas de aceite. Repartir la mezcla de quesos sobre la carne y gratinar hasta que el queso se funda y comience a dorarse. Es importante precalentar el horno.

La presentación:

Abrir el pan y tostarlo ligeramente por el interior. Disponer un lecho de hojas de espinaca y regarlas con una cucharadita de aceite aromático de tomate. Colocar encima la carne con el gratinado de queso y servir la hamburguesa en un plato con la guarnición elegida.

Hamburguesas de carne

Hamburguesa de conejo al romero con salsa de ajo y beicon

INGREDIENTES

Para las hamburguesas:

- 4 panes de hamburguesa
- 600 g de carne de conejo
- 60 g de tocino fresco
- 2 dientes de ajo
- 1 tacita de pan rallado
- aceite de oliva
- pimienta
- romero
- sal

Para la salsa:

- 1 cabeza de ajos
- 1 yema de huevo
- aceite de oliva
- nata para cocinar

Para el acompañamiento:

- lechuga romana
- tomate
- beicon

Para la guarnición:

- patatas fritas, en dados

PREPARACIÓN

Las hamburguesas:

Picar la carne y el tocino. Picar y dorar el ajo en una sartén con abundante aceite. Escurrir el ajo (reservar el aceite), añadirlo a la carne y salpimentar al gusto. Incorporar el pan rallado y mezclar todo bien. Dividir la carne en cuatro bolas y después aplastarlas con la mano hasta que tengan entre 3 y 5 cm de grosor. Espolvorearlas con romero por ambos lados. Calentar la plancha o la sartén y echar unas gotas de aceite. Hacer la carne unos 4 minutos por cada lado.

La salsa:

Cortar el rabo a la cabeza de ajos, envolverla en papel de aluminio y meterla al horno a 200 °C unos 30 minutos. Dejar que se enfríe dentro del horno una vez apagado. Abrir el paquete y pelar los dientes de ajo. Echarlos en un cuenco y añadir la yema de huevo, un chorrito de aceite de oliva, un chorrito de nata y una pizca de sal. Batir hasta que se monte la salsa.

La presentación:

Mientras se asa la cabeza de ajos, disponer unas lonchas de beicon entre dos hojas de papel de horno y aprovechar el calor para hacer que se sequen. Abrir el pan y tostar el interior. Disponer un lecho de lechuga y un par de rodajas finas de tomate. Añadir la carne, echar por encima salsa de ajo y un poco de beicon picadito. Presentar la hamburguesa en un plato acompañada de unas patatas fritas en el aceite de hacer los ajos.

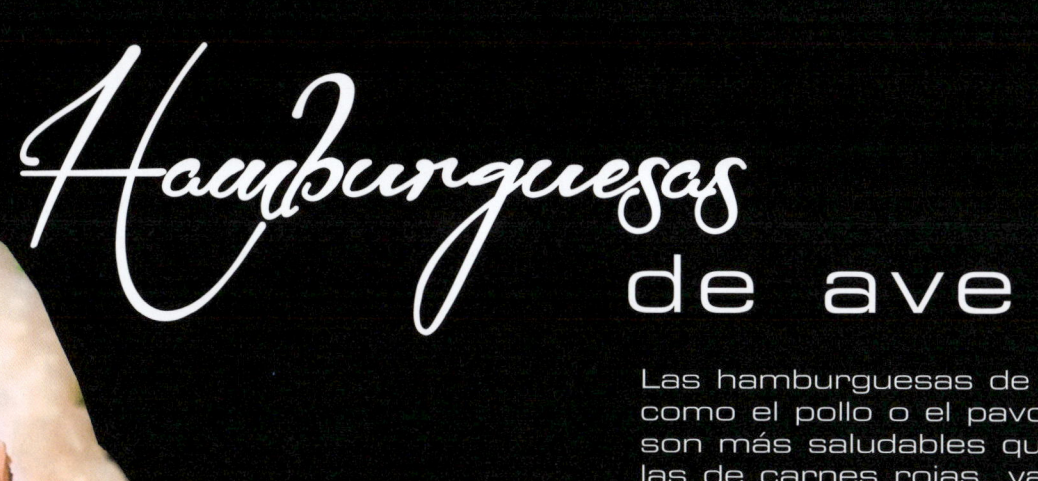

Hamburguesas
de ave

Las hamburguesas de ave, como el pollo o el pavo, son más saludables que las de carnes rojas, ya que aportan menos calorías y grasa a nuestro organismo. La carne de avestruz se considera carne roja, aunque contiene menos grasa que la ternera o el cerdo.

Hamburguesa de pollo con salsa boloñesa

INGREDIENTES

Para las hamburguesas:

- 4 panecillos de hamburguesa
- 500 g de carne de pollo picada
- 4 pimientos rojos
- 1 pimiento verde
- 1 puerro
- 1 huevo
- 1/2 cebolla
- 4 cucharadas de aceite de oliva
- 2 cucharadas de pan rallado
- una pizca de pimienta negra molida
- una pizca de sal

Para la salsa boloñesa:

- 100 g de carne de ternera picada
- 500 ml de salsa de tomate
- 100 ml de vino tinto
- 50 g de cebolla
- 50 g de pimiento verde
- 2 dientes de ajo
- albahaca
- orégano
- una pizca de sal
- 1 cucharada de aceite de oliva

PREPARACIÓN

Las hamburguesas:

Poner la carne de pollo picada en un cuenco y salpimentar.

Pelar la cebolla, picarla muy fina y mezclarla con la carne. Batir ligeramente el huevo e incorporarlo al cuenco. Añadir el pan rallado, salpimentar y mezclar bien. Trabajar con las manos la carne, dividirla en cuatro partes y darles la forma de filete.

En una sartén o una plancha agregar el aceite y, cuanto esté caliente, freír las hamburguesas hasta que se doren por ambos lados.

Mientras tanto, precalentar el horno a 200 °C y, cuando esté listo, asar el puerro, el pimiento verde y los pimientos rojos durante 20 o 30 minutos.

Una vez asados, trocear el puerro y pelar y cortar en tiras los pimientos.

La salsa:

Picar la cebolla, los ajos y el pimiento verde. Calentar el aceite en una sartén y sofreír estos ingredientes. Cuando la cebolla esté transparente, añadir la carne picada de ternera y proseguir la cocción durante 5 minutos.

Incorporar el vino y, una vez se haya evaporado el alcohol, añadir la salsa de tomate. Espolvorear con un poco de orégano, albahaca y corregir de sal.

La presentación:

Abrir los panecillos por la mitad; rellenarlos con 1 filete de carne picada y 1 cucharada de salsa boloñesa. Servir aparte el puerro y los pimientos asados.

Hamburguesas de ave

Hamburguesa de pollo tandoori con salsa de pimiento rojo y virutas de gouda viejo

INGREDIENTES

Para las hamburguesas:

- 4 panes de hamburguesa
- 600 g de contramuslos de pollo (deshuesados y sin piel)
- 1 yogur natural
- el zumo de 1/2 limón

Especias:

- 1 cucharada de pimentón dulce, de cúrcuma, de pimienta negra, de comino molido y de ajo en polvo
- 1 cucharadita de jengibre molido, de cilantro molido y de pimentón picante
- 1/2 cucharadita de nuez moscada, de canela en polvo y de clavo en polvo
- 1/2 vaso de pan rallado, sal

Para la salsa:

- 2 pimientos rojos dulces
- mantequilla, nata
- cúrcuma, comino

Para el acompañamiento:

- lechuga hoja de roble, cebolla morada, queso gouda viejo

Para la guarnición:

- arroz salvaje, canela en rama, tomate, cebollino
- aceite de oliva con guindilla

PREPARACIÓN

Las hamburguesas:

Mezclar todas las especias bien molidas con el yogur y el zumo de limón hasta conseguir una pasta uniforme. Picar el pollo, añadir el pan rallado y una pizca de sal; remover bien. Dividir la mezcla en cuatro porciones y darles forma de hamburguesa. Calentar la plancha o la sartén, pincelar la carne con la mezcla de especias y pasarla por la plancha entre 4 y 5 minutos por cada lado.

La salsa:

Asar los pimientos en el horno. Pelarlos, quitarles las pepitas y triturar la carne. Poner en un cacito al fuego unos 25 g de mantequilla y un chorrito de nata. Una vez fundida, añadir el pimiento, un poco de comino, sal y media cucharadita de cúrcuma. Dejar que la salsa se espese a fuego lento.

La guarnición:

Cocer el arroz con un poco de sal y una ramita de canela. Picar el tomate y el cebollino.

La presentación:

Abrir el pan y tostarlo por el interior. Poner un lecho de lechuga y unas tiras finas de cebolla. Colocar encima la carne, regarla con salsa de pimiento y echar unas lascas de queso gouda viejo por encima. Presentar la hamburguesa en un plato con el arroz, un poco de tomate picado, cebollino y un hilo de aceite con guindilla.

Hamburguesa de pollo a la crema de queso azul con ciruelas pasas

INGREDIENTES

Para las hamburguesas:

- 4 panes de hamburguesa
- 600 g de carne de pollo
- 2 zanahorias medianas
- 60 g de panceta ahumada
- 1 huevo
- aceite de oliva
- pimienta
- sal

Para la salsa:

- 75 g de queso azul
- nata para cocinar
- 4 ciruelas pasas

Para el acompañamiento:

- berros o canónigos
- tomate

Para la guarnición:

- patatas fritas o chips de verduras

PREPARACIÓN

Las hamburguesas:

Cocer las zanahorias hasta que queden blandas, como para hacer puré. Poner la carne picada en un cuenco y añadir la panceta picada, la zanahoria, el huevo, sal y pimienta al gusto; remover bien. Dividir la mezcla en cuatro bolas de unos 150 g y aplastarlas hasta que queden de un grosor de 3 a 4 cm. Calentar la plancha o la sartén con un poco de aceite, poner la carne y hacerla unos 4 minutos por cada lado.

La salsa:

Echar en un cuenco el queso azul y añadirle un poco de nata. Remover con un tenedor hasta obtener una crema espesa y sin grumos. Para terminar, picar las ciruelas y mezclarlas con la salsa. La consistencia ideal para esta salsa es la de un puré de patata.

La presentación:

Abrir el pan, tostarlo por el interior y disponer un lecho de berros. Pasar unas rodajas de tomate por la plancha o la sartén con un poco de aceite y, cuando estén blandas, colocarlas sobre los berros. Poner la carne encima y echar una cucharada de salsa. Presentar la hamburguesa en un plato con la guarnición elegida y una cucharilla con más salsa de queso azul, que es también un buen acompañamiento para las patatas fritas o los chips de verduras.

Hamburguesa de pavo con espinacas y champiñones

INGREDIENTES

Para las hamburguesas:

- 4 panes de hamburguesa
- 450 g de carne de pavo
- 200 g de espinacas cocidas
- 1/2 cebolla
- 1 diente de ajo
- 50 g de queso gruyer
- 1 cucharada de pan rallado
- sal y pimienta
- aceite de oliva

Para la salsa:

- 1 cucharada de mostaza amarilla
- 1 cucharadita de salsa de soja
- miel

Para el acompañamiento:

- lechuga hoja de roble
- 1 tomate

Para la guarnición:

- 1 manzana golden
- sal, pimienta, vinagre de manzana
- aceite de oliva
- lechuga, tomates cherry

PREPARACIÓN

Las hamburguesas:

Poner en un cuenco las espinacas bien escurridas, la media cebolla rallada, el diente de ajo picado y el queso también rallado. Añadir la carne picada, el pan rallado y mezclar muy bien. Dividir la mezcla en cuatro bolas de unos 150 g y aplastarlas hasta que queden de un grosor de 4 a 5 cm. Calentar la plancha o la sartén con un poco de aceite y hacer la carne 4 o 5 minutos por cada lado.

La salsa:

Echar en un cuenco pequeño la mostaza, la salsa de soja y un chorrito de miel. Mezclar todo bien con un tenedor.

La vinagreta de la guarnición:

Rallar una manzana en un cuenquito. Sazonarla con sal, pimienta, aceite de oliva y un chorrito de vinagre de manzana. Remover.

La presentación:

Abrir el pan y tostarlo por el interior con un poco de aceite. Disponer un lecho de hoja de roble y unas rodajas de tomate, y añadir la carne con una cucharada de salsa por encima. Presentar la hamburguesa en un plato con ensalada de lechuga y tomate aliñada con la vinagreta de manzana.

Hamburguesa de perdiz con verduras al horno y salsa de champiñón

INGREDIENTES

Para las hamburguesas:

- 4 panes de hamburguesa
- 600 g de carne de perdiz (deshuesada)
- 1 diente de ajo
- 1 cebolla
- 1 huevo
- 2 cucharadas de pan rallado
- aceite de oliva
- pimienta
- sal

Para la salsa:

- 1 sobre de crema de champiñones
- nata

Para el acompañamiento:

- 2 cebollas pequeñas
- 3 tomates
- champiñones laminados
- 1 pastilla de caldo de ave
- zumo de limón
- 100 g de tocino entreverado (en lonchas)
- aceite de oliva
- sal

Para la guarnición:

- patatas fritas

PREPARACIÓN

Las hamburguesas:

Sofreír la cebolla y el ajo picaditos. Mezclarlos con la carne picada en un cuenco y añadir el pan rallado, el huevo, sal y pimienta al gusto; remover. Dividir la mezcla en cuatro bolas de unos 150 g y aplastarlas hasta que queden de un grosor de 3 a 4 cm. Calentar la plancha o la sartén con un poco de aceite y hacer la carne unos 4 minutos por cada lado.

La salsa:

Poner poco más de medio vasito de nata a calentar en un cacito. Cuando vaya a romper a hervir, añadir dos cucharadas de crema de champiñones en polvo; bajar el fuego y remover para que no queden grumos. Añadir un chorrito más de nata y dejar reducir un poco la salsa.

El acompañamiento:

Precalentar el horno a 200 °C. Echar un chorro de aceite en la bandeja y poner en ella las cebollas cortadas en rodajas, los tomates cortados en rodajas y los champiñones por encima. Rallar la pastilla de caldo sobre las verduras, regarlas con zumo de limón y cubrirlas con lonchas de tocino. Hornear hasta que el tocino esté doradito.

La presentación:

Abrir el pan, tostarlo por el interior e ir montando las verduras, el tocino y la carne; echar una cucharada de salsa por encima. Presentar la hamburguesa con las patatas fritas de guarnición.

Hamburguesas de ave

Hamburguesa de avestruz
con guacamole y guindillas

INGREDIENTES

Para las hamburguesas:

- 4 panes de hamburguesa
- 600 g de carne de avestruz
- 1 cebolla
- 4 guindillas encurtidas
- 60 g de tocino curado
- 2 cucharadas de pan rallado
- 1 huevo
- aceite de oliva
- sal y pimienta

Para la salsa:

- 1 aguacate
- 1 tomate pequeño
- 1 cebolla pequeña
- sal
- aceite de oliva
- el zumo de 1/2 limón

Para el acompañamiento:

- lechuga iceberg
- queso cheddar

Para la guarnición:

- nachos

PREPARACIÓN

Las hamburguesas:

Picar la cebolla muy menuda y hacer lo mismo con las guindillas y el tocino. Echar todo junto con la carne picada en un cuenco y añadir el pan rallado, el huevo, sal y pimienta al gusto; remover bien. Dividir la mezcla en cuatro bolas de unos 150 g y aplastarlas hasta que queden de un grosor de 3 a 4 cm. Calentar la plancha o la sartén con un poco de aceite y poner la carne al fuego. Al cabo de unos 4 minutos darle la vuelta y colocar sobre la parte ya hecha una loncha de queso cheddar.
En 4 minutos más la hamburguesa estará lista.

La salsa:

Partir el aguacate por la mitad, deshuesarlo y vaciarlo con una cuchara. Echar la pulpa en un cuenco y triturarla bien con un tenedor. Cortar el tomate y la cebolla en daditos muy pequeños e incorporarlos al aguacate. Añadir una pizca de sal, un chorrito de aceite y el zumo de limón; remover bien. Se puede preparar el guacamole sin el aceite, pero así tiene una textura más suave y se mezcla mejor.

La presentación:

Abrir el pan y tostarlo por el interior. Disponer un lecho de lechuga, la carne con el queso encima y una buena cucharada de guacamole. Presentar la hamburguesa en un plato con los nachos de guarnición.

Hamburguesa de higaditos onion con salsa de oporto y ciruelas pasas

INGREDIENTES

Para las hamburguesas:

- 4 panes de hamburguesa
- 600 g de higaditos
- 1 cebolla
- 2 dientes de ajo
- 1 tacita de pan rallado
- aceite de oliva
- pimienta
- sal

Para la salsa:

- 1 cebolla pequeña
- 8 ciruelas pasas
- 1 vaso de oporto
- 1 tacita de caldo de carne

Para el acompañamiento:

- canónigos
- queso parmesano

Para la guarnición:

- patatas nuevas
- romero
- tomillo
- orégano
- perejil seco
- ajo en polvo
- pimentón dulce
- cúrcuma
- pimienta
- aceite de oliva

PREPARACIÓN

Las hamburguesas:

Picar el ajo y la cebolla muy finos, y sofreírlos con un poco de aceite en una sartén. Picar los higaditos y añadir el ajo y la cebolla, el pan rallado, sal y pimienta; remover bien. Dividir la mezcla en cuatro bolas de unos 150 g y aplastarlas hasta que queden de un grosor de 2 o 3 cm. Calentar la plancha o la sartén con un poco de aceite y hacer las hamburguesas 5 o 6 minutos por cada lado.

La salsa:

Picar la cebolla y pocharla en una sartén con un poco de aceite, pimienta, sal y las ciruelas troceadas. Añadir el oporto y el caldo, y dejar reducir la salsa a fuego lento.

La guarnición:

Lavar bien las patatas, cortarlas en gajos, salarlas y ponerlas en un cuenco con aceite y las especias. Remover y dejar reposar las patatas durante 15-20 minutos. Precalentar el horno a 240 °C y asar las patatas en una bandeja durante 10 minutos. Bajar la temperatura a 180 °C y seguir asándolas hasta que al pincharlas estén tiernas.

La presentación:

Abrir el pan, tostarlo por el interior y disponer un lecho de canónigos. Colocar la carne encima y echar una cucharada de salsa y unas virutas de parmesano. Presentar la hamburguesa en un plato con las patatas asadas.

65

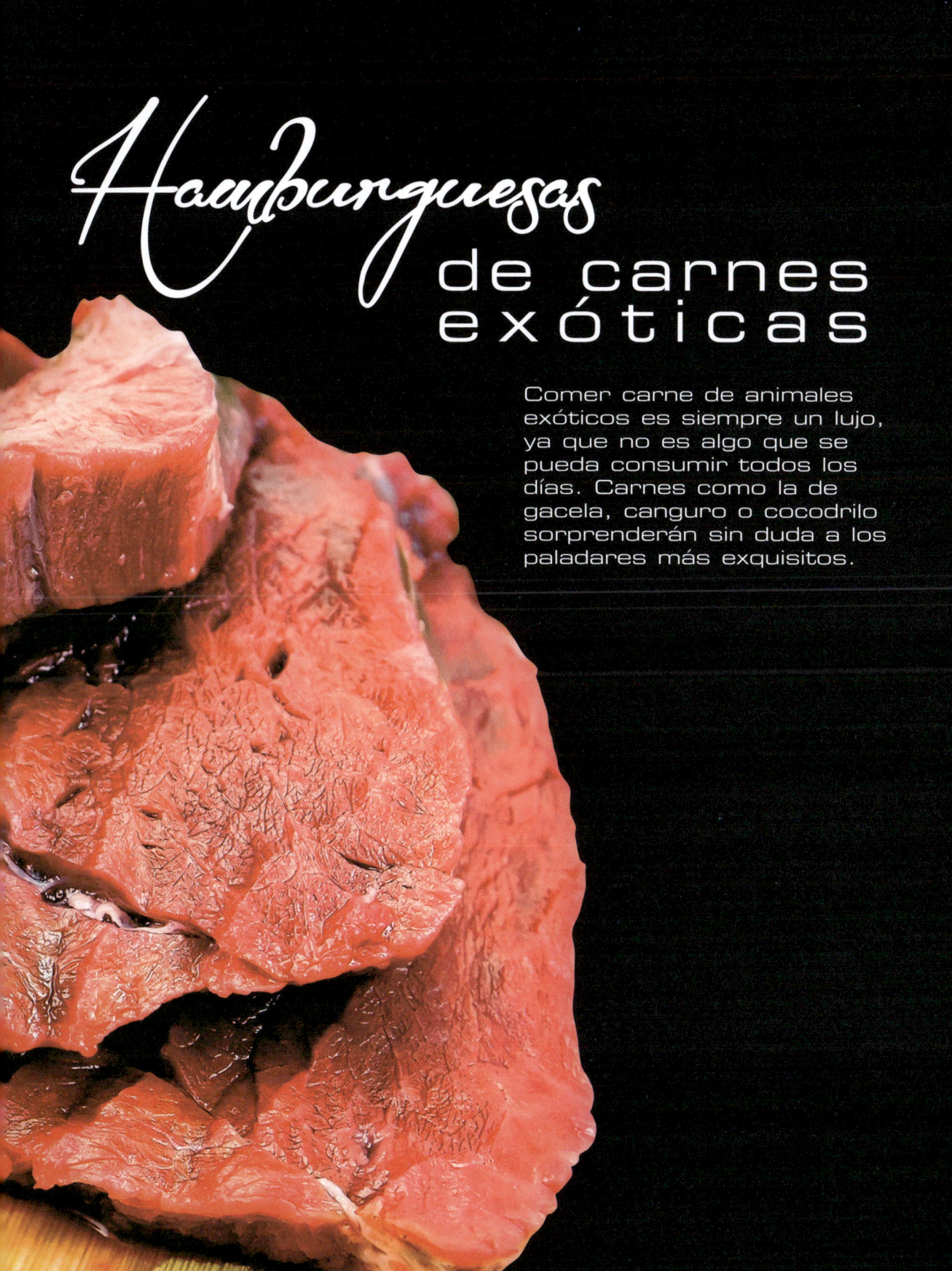

Hamburguesas
de carnes exóticas

Comer carne de animales
exóticos es siempre un lujo,
ya que no es algo que se
pueda consumir todos los
días. Carnes como la de
gacela, canguro o cocodrilo
sorprenderán sin duda a los
paladares más exquisitos.

Hamburguesas exóticas

Hamburguesa de canguro con salsa picante de ciruela

INGREDIENTES

Para las hamburguesas:

- 4 panes de hamburguesa
- 600 g de solomillo de canguro
- 2 huevos
- 2 rebanadas de pan de molde (sin corteza)
- pimienta negra molida
- sal

Para la salsa:

- 1 guindilla roja (al gusto)
- 1 diente de ajo
- 1 cucharada de jengibre picadito
- 20 g de mantequilla
- 425 g de ciruelas pasas
- 1/4 de taza de azúcar
- 1/4 de taza de vinagre de vino blanco

Para el acompañamiento:

- lechuga hoja de roble
- queso cheddar

Para la guarnición:

- patatas fritas o verduras a la plancha

PREPARACIÓN

Las hamburguesas:

Poner la carne picada en un cuenco, salpimentar al gusto y remover. En un cuenco aparte, batir los huevos y añadir el pan troceado para que se empape. Incorporar el pan y el huevo a la carne y mezclar hasta conseguir una textura uniforme. Dejar reposar la mezcla en la nevera 24 horas tapada con film; sacarla 1 hora antes de hacer las hamburguesas. Dividirla en cuatro bolas de unos 150 g y aplastarlas hasta que queden de un grosor de 3 a 4 cm. Calentar la plancha o la sartén, echar un poco de aceite y hacer las hamburguesas unos 4 minutos por cada lado.

La salsa:

Picar finitos la guindilla y el ajo, y saltearlos 1 minuto en una cazuela junto con el jengibre y la mantequilla derretida. Trocear las ciruelas y añadirlas a la cazuela junto con el resto de los ingredientes. Remover hasta que hierva la salsa y después cocerla a fuego lento 5 minutos; añadir un poco más de mantequilla y dejar que se reduzca.

La presentación:

Abrir el pan y tostarlo ligeramente por el interior. Disponer un lecho de hoja de roble, colocar encima la hamburguesa y con una cuchara extender la salsa caliente sobre la carne. Añadir el queso cheddar en ralladura larga y tapar la hamburguesa. Servirla en un plato acompañada de la guarnición elegida.

Hamburguesa de búfalo al bourbon con crujiente de beicon

INGREDIENTES

Para las hamburguesas:

- 4 panes de hamburguesa
- 600 g de carne magra de búfalo
- 1 cebolla
- 1 huevo
- aceite de oliva
- pimienta
- sal

Para la salsa:

- 1 vaso de agua
- 2/3 de vaso de bourbon
- 1/2 vaso de salsa de soja
- 1/4 de vaso de azúcar moreno
- 3 cucharadas de salsa Perrins
- 2 cucharadas de zumo de limón

Para el acompañamiento:

- 8 lonchas de beicon
- lechuga rizada
- tomate raf o pata negra
- queso gouda viejo

Para la guarnición:

- patatas fritas o asadas
- ensalada de col

PREPARACIÓN

Las hamburguesas:

Sofreír la cebolla bien picadita hasta que se poche. Poner la carne en un cuenco y añadir el huevo, la cebolla, sal y pimienta al gusto, y un tercio de vaso de la salsa (ver más abajo). Mezclar todo bien y dejar reposar en la nevera 3 horas. Dividir la mezcla en cuatro bolas de unos 150 g y aplastarlas hasta que queden de un grosor de unos 5 cm. Calentar la plancha o la sartén con un poco de aceite. Pincelar la carne con la salsa y cocinarla 4 o 5 minutos por cada lado. Esta hamburguesa es importante hacerla gruesa para que no se seque y mantenga todo su sabor.

La salsa:

En un cacito poner a fuego lento todos los ingredientes y dejar reducir. Esta salsa también se puede preparar sin reducción al fuego.

La presentación:

Calentar el horno a 200 °C y colocar la rejilla sobre la bandeja. Poner en la rejilla las tiras de beicon separadas y hornearlas 20-30 minutos. Abrir el pan y tostarlo por el interior. Disponer un lecho de lechuga y unas rodajas de tomate. Añadir el queso, la carne y el beicon crujiente; regarlo con unos hilillos de salsa. Presentar la hamburguesa en un plato con su guarnición y una cucharilla con más salsa de bourbon.

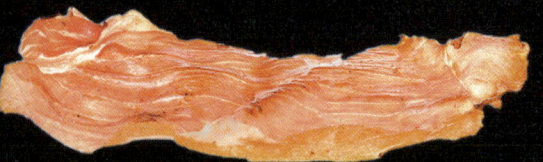

71

Hamburguesa de alce con tomates verdes fritos y compota de cebolla

INGREDIENTES

Para las hamburguesas:

- 4 panes de hamburguesa
- 600 g de carne de alce
- 2 cebolletas
- 2 dientes de ajo
- 1 huevo
- 1 cucharada de pan rallado
- Pedro Ximénez
- aceite de oliva
- pimienta
- sal

Para la salsa:

- 1 cebolla
- 100 g de pasas
- 100 g de piñones
- 2 cucharadas de miel
- mantequilla

Para el acompañamiento:

- 2 tomates verdes
- 150 g de harina de maíz
- 1 huevo
- sal gorda
- aceite para freír
- lechuga romana
- kétchup
- mostaza

Para la guarnición:

- bolitas de patata rebozadas o maíz a la brasa

PREPARACIÓN

Las hamburguesas:

Cortar la parte blanca de las cebolletas y picarla finamente junto con los ajos; pocharlos juntos. Echar la carne picada en un cuenco, añadir el huevo, el sofrito, el pan rallado, un chorrito de Pedro Ximénez, sal y pimienta al gusto. Mezclar muy bien y dejar reposar 1 hora en la nevera. Dividir la mezcla en cuatro bolas de unos 150 g y aplastarlas hasta dejarlas de un grosor de 3 a 4 cm. Calentar la plancha o la sartén y aceitar la carne; hacer las hamburguesas 4 minutos por cada lado.

La salsa:

Cortar la cebolla en juliana y pocharla en mantequilla. Añadir las pasas, los piñones y la miel; cuando esta comience a hacer espuma, agregar un chorro de agua y dejar que la salsa se reduzca.

El acompañamiento:

Cortar los tomates en rodajas gruesas, salarlas y pasarlas por harina, después por el huevo batido y nuevamente por harina. Freírlas en aceite bien caliente y dejarlas escurrir sobre papel de cocina.

La presentación:

Abrir el pan y tostarlo por el interior. Disponer un lecho de lechuga y un par de rodajas de tomate frito. Añadir la carne y echar sobre ella la salsa. Tapar la hamburguesa con el otro pan y servirla acompañada de mostaza, kétchup y la guarnición elegida.

Hamburguesa de gacela al aceite de trufa blanca y pistachos

INGREDIENTES

Para las hamburguesas:

- 4 panes de hamburguesa
- 600 g de carne de gacela
- 1 cebolla
- 1 huevo
- 60 g de parmesano rallado
- 100 g de pistachos pelados
- 1 cucharada de mostaza a la antigua
- 1 cucharada de aceite de trufa blanca
- 3 cucharadas de pan rallado
- pimienta
- sal

Para la salsa:

- 2 cucharadas de mayonesa
- 1,5 cucharada de miel
- 2 cucharaditas de mostaza

Para el acompañamiento:

- rúcula
- queso camembert

Para la guarnición:

- verduras a la plancha o patatas fritas en gajos

PREPARACIÓN

Las hamburguesas:

Sofreír la cebolla bien picadita hasta que se poche. Poner la carne picada en un cuenco y añadir el huevo, la cebolla, el parmesano, los pistachos bien picaditos, la mostaza, el aceite de trufa, el pan rallado, y sal y pimienta al gusto. Mezclar todo bien, dividir la mezcla en cuatro bolas de unos 150 g y aplastarlas hasta que queden de un grosor de 3 a 4 cm. Calentar la plancha o la sartén con un poco de aceite y hacer las hamburguesas unos 4 minutos por un lado; darles la vuelta y ponerle a cada una encima una rodaja de queso camembert. Dejarlas otros 4 minutos para que se terminen de hacer y el queso se funda.

La salsa:

Echar en un cuenco la mayonesa, la miel y la mostaza. Remover.

La presentación:

Abrir el pan y tostarlo por el interior. Untar un poco de salsa en la base, poner encima la carne con el queso, cubrirla con rúcula y añadir una cucharadita de salsa por encima. Presentar la hamburguesa en un plato con la guarnición elegida.

Hamburguesa de cocodrilo al estilo cajún

INGREDIENTES

Para las hamburguesas:

- 4 panes de hamburguesa
- 600 g de carne de cocodrilo
- 1 cebolla morada
- menta, cilantro y albahaca frescos
- nuez moscada
- 1 huevo
- aceite de oliva
- sal y pimienta

Para la salsa:

- aceite de oliva
- 1 cucharadita de sal, de pimentón, de cebolla en polvo, de ajo en polvo y de mostaza en polvo
- 1/2 cucharadita de comino en polvo, de pimienta blanca molida, de albahaca, de orégano y de tomillo
- 1/4 de cucharadita de pimienta negra molida y de chile en polvo

Para el acompañamiento:

- 1 pimiento
- 1 cebolla
- lechuga iceberg
- queso cheddar

Para la guarnición:

- arroz blanco

PREPARACIÓN

Las hamburguesas:

Picar la cebolla muy finita y echarla con la carne picada en un cuenco. Añadir una cucharada de menta, cilantro y albahaca picaditos, y media cucharada de nuez moscada. Agregar el huevo, salpimentar al gusto y mezclar todo bien. Dividir la mezcla en cuatro bolas de unos 150 g y aplastarlas hasta que queden de un grosor de unos 5 cm. Calentar la plancha o la sartén con un poco de aceite, pincelar la carne con la salsa y ponerla al fuego. Al cabo de unos 4 minutos darle la vuelta y poner sobre la parte ya hecha una loncha de cheddar. Hacerla 4 minutos más.

La salsa:

Echar en un cuenquito medio vasito de aceite y añadir las hierbas y especias. Remover y dejar reposar la mezcla al menos 24 horas.

La presentación:

Cortar el pimiento en tiras, la cebolla en aros y hacerlos a la plancha con un poco de aceite. Dejar las hortalizas un poco crujientes, pero no crudas. Abrir el pan y tostarlo por el interior. Disponer un lecho de lechuga, añadir la carne con el queso y, por encima, unas tiras de pimiento y unos aros de cebolla. Presentar la hamburguesa en el plato con el arroz y unos hilillos de la salsa cajún.

Hamburguesas de pescado

Estas hamburguesas son una sorprendente forma de comer pescado y... ¡sin tener que preocuparse por las espinas! Además, pueden resultar tan deliciosas como las hamburguesas de carne.

Hamburguesa de bacalao con picadillo de tomate a la albahaca fresca

INGREDIENTES

Para las hamburguesas:

- 4 panes de hamburguesa
- 600 g de bacalao fresco (sin espinas ni piel)
- salsa de soja
- 1 diente de ajo
- jengibre fresco
- 1 cucharada de cilantro fresco
- 2 cucharadas de pan rallado
- 1 huevo
- aceite de oliva
- pimienta blanca
- sal

Para la salsa:

- 2 tomates
- albahaca fresca picada
- pimienta
- sal
- 1 cucharadita de azúcar
- aceite de oliva

Para el acompañamiento:

- lechuga hoja de roble
- caviar de salmón

Para la guarnición:

- bolitas de patata fritas

PREPARACIÓN

Las hamburguesas:

Picar con el cuchillo el bacalao lo más fino posible. En un cuenco echar un chorrito de salsa de soja, el ajo majado y un poco de jengibre rallado. Añadir el pescado, el cilantro, el pan rallado, el huevo, una pizca de sal y pimienta al gusto. Mezclar bien y dejar reposar 30 minutos. Dividir la mezcla en cuatro bolas de unos 150 g y aplastarlas hasta que queden de un grosor de 3 a 4 cm. Calentar la plancha o la sartén con un poco de aceite y hacer las hamburguesas unos 4 minutos por cada lado.

La salsa:

Rallar los tomates y echarlos en un cuenco. Añadir 1 cucharada de albahaca, una pizca de sal y pimienta, el azúcar y un chorrito de aceite; remover bien. No se debe meter la salsa en la nevera y hay que procurar prepararla justo antes de ponerla en las hamburguesas, ya que está mejor recién hecha.

La presentación:

Abrir el pan, tostarlo por el interior y preparar un lecho de hoja de roble. Poner encima la hamburguesa, una cucharada de salsa y unas huevas de salmón para coronar. Presentar la hamburguesa en un plato con la guarnición y decorada con un poco más de salsa.

Hamburguesas de pescado

Hamburguesa de atún marinado con escalivada

INGREDIENTES

Para las hamburguesas:

- 4 panes de hamburguesa
- 600 g de atún sin espinas ni piel
- salsa de soja
- miel
- 1 diente de ajo
- el zumo de 1 limón
- 1/3 de vaso de vino blanco seco
- 1 cebolla
- 1 cucharada de perejil picado
- aceite de oliva
- pimienta

Para la salsa:

- aceite aromático de tomate

Para el acompañamiento:

- 1 pimiento rojo
- 1 berenjena
- aceite de oliva
- sal maldon
- tomate triturado

Para la guarnición:

- ensalada de lechugas variadas y tomates cherry

PREPARACIÓN

Las hamburguesas:

Echar en un cuenco un chorrito de salsa de soja, un poco de miel, el ajo picado, el zumo y el vino. Cortar el atún en dados y dejarlos marinar en esta mezcla, dentro de la nevera, no más de 30 minutos. Rehogar la cebolla picada muy fina. Escurrir el atún y picarlo con el cuchillo en trocitos muy pequeñitos. Echarlo en un cuenco y añadir un chorrito de la marinada, la cebolla pochada, el perejil y un poco de pimienta; mezclar muy bien. Dividir la mezcla en cuatro bolas de unos 150 g y aplastarlas hasta que queden de un grosor de 3 a 4 cm. Calentar la plancha o la sartén con un poco de aceite y hacer las hamburguesas unos 4 minutos por cada lado.

El acompañamiento:

Precalentar el horno a 200 °C. Untar el pimiento y la berenjena con aceite y asarlos 40 minutos, dándoles la vuelta a los 20 minutos. Pelarlos y partirlos en tiras. Echarlas en un plato, regarlas con aceite, sazonar con sal maldon y dejar reposar 1 hora.

La presentación:

Abrir el pan, tostarlo por el interior y echar unos hilos de aceite aromático de tomate. Disponer unas tiras de verdura, la hamburguesa de pescado y sobre ella una cucharadita de tomate triturado. Presentar la hamburguesa en un plato con la guarnición.

Hamburguesa de salmón al curry con mostaza dulce y dos quesos

INGREDIENTES

Para las hamburguesas:

- 4 panes de hamburguesa
- 600 g de salmón (sin espinas ni piel)
- 1 cebolla
- 1 cucharadita de curry en polvo
- crema de queso para untar
  - aceite de oliva
    - sal y pimienta

Para la salsa:

- 2 cucharadas de mayonesa
- 1 cucharada de mostaza de Dijon
- 1 cucharada de miel
- pimienta negra molida
- aceite de oliva

Para el acompañamiento:

- canónigos
- tomates cherry
- queso manchego semicurado

Para la guarnición:

- verduras a la plancha

PREPARACIÓN

Las hamburguesas:

Sofreír la cebolla bien picadita. Picar el salmón con un cuchillo en trocitos muy pequeñitos y ponerlo en un cuenco con la cebolla, el curry, sal y pimienta al gusto. Añadir una cucharada generosa de crema de queso y remover bien. Dividir la mezcla en cuatro bolas de unos 150 g y aplastarlas hasta que queden de un grosor de 3 a 4 cm. Calentar la plancha o la sartén con un poco de aceite y hacer las hamburguesas unos 4 minutos por cada lado.

La salsa:

En un cuenco poner mayonesa, la mostaza y la miel; añadir una pizca de pimienta y un poquito de aceite, y remover bien. La cantidad de miel y de mostaza se puede modificar según se desee que la salsa resulte más fuerte o más dulce.

La presentación:

Abrir el pan, tostarlo por el interior y disponer un lecho de canónigos y un tomatito partido por la mitad, con la parte abierta hacia arriba. Poner encima la hamburguesa de pescado y untarla con un poco de crema de queso. Con una cuchara echar un poco de salsa y coronar con unas virutas de queso manchego. Presentar la hamburguesa en un plato con la guarnición de verduras.

Hamburguesa de mero con salsa tártara y picadillo de langostinos

INGREDIENTES

Para las hamburguesas:

- 4 panes de hamburguesa
- 600 g de mero fresco (sin espinas ni piel)
- 1/2 cebolla
- cebollino
- la ralladura de 1/2 limón
- 2 cucharadas de pan rallado
- 1 huevo
- aceite de oliva
- sal y pimienta

Para la salsa:

- 2 cucharadas de alcaparras
- 1 pepinillo en vinagre
- 1/2 cebolla pequeña
- 1/2 huevo cocido
- 3 cucharadas de mayonesa
- 2 cucharaditas de perejil picado
- 1 cucharadita de mostaza

Para el acompañamiento:

- 6 langostinos
- el zumo de 1/2 limón
- 2 dientes de ajo
- sal
- aceite de oliva
- lechuga hoja de roble
- tomate

Para la guarnición:

- tempura de verduras o ensalada de berros

PREPARACIÓN

Las hamburguesas:

Picar con el cuchillo lo más finamente posible el mero, la cebolla y el cebollino. Echar todo en un cuenco junto con la ralladura de limón, el pan rallado, el huevo, sal y pimienta al gusto; mezclar bien. Dividir la mezcla en cuatro bolas de unos 150 g y aplastarlas hasta que queden de un grosor de 3 a 4 cm. Calentar la plancha o la sartén con un poco de aceite y hacer las hamburguesas unos 4 minutos por cada lado.

La salsa:

Picar muy finamente las alcaparras, el pepinillo, la cebolla y el huevo. Reunir todo en un cuenco y añadir la mayonesa, el perejil picado y la mostaza; remover bien.

El acompañamiento:

Pelar los langostinos, picarlos, regarlos con el zumo y salarlos ligeramente. Cortar los ajos en laminitas y dorarlas en una sartén con aceite. Freír en el mismo aceite los langostinos picados.

La presentación:

Abrir el pan y tostarlo por el interior. Disponer un lecho de hoja de roble, un poco de tomate, la hamburguesa, un poco de salsa, el picadillo de langostinos y unas láminas de ajo doradito. Presentar la hamburguesa en un plato con la guarnición elegida.

Hamburguesa de calamar con gambas y salsa noire

INGREDIENTES

Para las hamburguesas:

- 4 panes de hamburguesa
- 450 g de calamares
- 150 g de gambas peladas
- perejil
- sésamo
- aceite de oliva y sal

Para la salsa:

- 2 dientes de ajo
- 1 cebolla
- 1 bolsita de tinta de calamar
- 2 tomates

Para el acompañamiento:

- lechuga hoja de roble
- 2 dientes de ajo

Para la guarnición:

- 1 paquete de algas wakame
- 1 pepino pequeño
- sésamo
- 1 guindilla pequeña
- vinagre de arroz
- salsa de soja
- azúcar
- limón

PREPARACIÓN

Las hamburguesas:

Limpiar y trocear los calamares antes de pasarlos por la picadora. Picar el perejil, trocear las gambas y mezclarlos con el picadillo de calamar y una pizca de sal. Dividir la mezcla en cuatro porciones y agregar semillas de sésamo al gusto. Poner cada porción sobre film de cocina, darle forma usando un aro de emplatar y envolverla. Meter las hamburguesas en el congelador 20 minutos antes de cocinarlas. Calentar la plancha o la sartén, añadir aceite y hacer las hamburguesas unos 4 minutos por cada lado.

La salsa:

Pelar y confitar los dos ajos enteros a fuego lento; retirarlos y hacer una pasta con ellos. Pochar la cebolla en una sartén con aceite de oliva, pelar los tomates, picarlos y añadirlos a la cebolla junto con la pasta de ajo y un pizca de sal. Pasados unos minutos, añadir la tinta de calamar y cocinar a fuego lento durante 10 minutos.

La guarnición:

Rehidratar las algas con agua tibia, dejándolas en remojo de 10 a 20 minutos; después enjuagarlas, escurrirlas y cortarlas en tiras.

Pelar el pepino y cortarlo en tiras finas y largas; tostar las semillas de sésamo; picar la guindilla y mezclar todo con las algas. Echar en un cuenco vinagre, salsa de soja, una cucharada de azúcar y un chorrito de limón. Echar este aliño en la ensalada.

La presentación:

Abrir el pan y tostarlo. Dorar en aceite unas láminas de ajo. Disponer un lecho de hoja de roble, la hamburguesa, un poco de salsa y unas láminas de ajo. Presentar la hamburguesa en un plato junto a un cuenco con la ensalada de algas.

Hamburguesas
de huevo

El huevo es un alimento muy completo que se usa con frecuencia como ingrediente de platos dulces y salados gracias sobre todo a sus propiedades aglutinantes.

 de huevo

Hamburguesa de huevo con espinacas, jamón y fundido de sobrasada

INGREDIENTES

Para las hamburguesas:

- 4 panes de hamburguesa
- 2 dientes de ajo
- 100 g de jamón serrano picado
- 250 g de espinacas cocidas
- 2 huevos cocidos
- 1 cucharada de crema de queso
- 2 cucharadas de pan rallado
- 1 huevo fresco
- aceite de oliva
  - pimienta blanca y sal

Para el acompañamiento:

- lechuga hoja de roble
- sobrasada
- queso emmental

Para la guarnición:

- 2 patatas
- 2 dientes de ajo
- 2 cucharaditas de perejil picado
- 5 cucharadas de vinagre de jerez

PREPARACIÓN

Las hamburguesas:

Picar los ajos y dorarlos en una sartén grande. Añadir el jamón, remover y rehogar las espinacas bien escurridas con una pizca de sal y pimienta. Echar las espinacas con jamón en un cuenco y añadir los huevos duros picados, la crema de queso, el pan rallado y el huevo fresco; remover bien. Dividir la mezcla en cuatro bolas de unos 150 g y aplastarlas, dejándolas de un grosor de 3 a 4 cm. Freírlas en una sartén unos 3 minutos por cada lado. Calentar el grill del horno y meter las hamburguesas con una loncha de queso emmental y una rodaja de sobrasada encima. Sacarlas del horno cuando el queso y la sobrasada se empiecen a fundir.

La guarnición:

Pelar las patatas y cortarlas en tiras. Freírlas en una sartén con abundante aceite a fuego lento y, cuando estén blandas, retirarlas del fuego, dejándolas en la misma sartén. En un mortero majar bien los ajos con el perejil; añadir el vinagre y remover. Quitar todo el aceite de la sartén, poner las patatas a fuego fuerte y añadir el majado con el vinagre. Dorar las patatas volteándolas al aire para no romperlas.

La presentación:

Abrir el pan, tostarlo por el interior y preparar un lecho de lechuga. Poner encima la hamburguesa con el queso y la sobrasada, taparla con la otra parte del pan y presentarla con la guarnición.

Hamburguesa de huevo con setas de cardo coreano y gambas

INGREDIENTES

Para las hamburguesas:

- 4 panes de hamburguesa
- 2 setas de cardo coreano
- 2 dientes de ajo
- 2 huevos cocidos
- 200 g de gambas crudas
- 1 cucharada de crema de queso
- 4 cucharadas de pan rallado
- 1 huevo
- aceite de oliva
- pimienta blanca
- sal

Para la salsa:

- aceite de oliva
- mantequilla
- 1 cebolla
- 1/2 cucharada de curry en polvo
- nata para cocinar
- sal, pimienta

Para el acompañamiento:

- lechuga rizada

Para la guarnición:

- batata frita o asada

PREPARACIÓN

Las hamburguesas:

Cortar las setas en láminas. Picar los ajos y dorarlos en una sartén; añadir las setas, sal y pimienta. Dejar las setas al fuego hasta que pierdan el agua y se queden blanditas. Luego picarlas muy finitas y echarlas en un cuenco junto con los huevos duros picados, las gambas peladas y picaditas, la crema de queso, la mitad del pan rallado y el huevo. Mezclar muy bien. Dividir la mezcla en cuatro bolas de unos 150 g y aplastarlas, dejándolas de un grosor de 3 a 4 cm. Pasar las hamburguesas por pan rallado y freírlas en una sartén con aceite muy caliente. Cuando estén doradas, dejarlas escurrir sobre papel de cocina.

La salsa:

En un cazo calentar a fuego lento una cucharada de aceite y un trozo de mantequilla. Cuando esté caliente, añadir la cebolla picada, salpimentar y dejar que se vaya haciendo poco a poco. Una vez pochada, añadir el curry, mezclar y agregar un poco de nata. Remover unos 2 minutos: la salsa estará lista cuando se haya reducido y espesado la nata.

La presentación:

Abrir el pan y tostarlo por el interior. Preparar un lecho de lechuga, poner encima la hamburguesa y una cucharada de la salsa. Presentarla en un plato con la guarnición.

Hamburguesas
de vegetales

Las hamburguesas elaboradas únicamente con ingredientes vegetales no son solo para los vegetarianos, sino también para aquellas personas que quieren reducir su consumo de carne y llevar una alimentación más sana y equilibrada. ¡Y para quienes quieren probar algo distinto!

Hamburguesas de vegetales

Hamburguesa de setas de cardo coreano con frutos secos y salsa de miel y mostaza

INGREDIENTES

Para las hamburguesas:

- 4 panes de hamburguesa
- 6 setas de cardo coreano
- 1 pimiento rojo
- 1 cebolla
- 50 g de almendras crudas
- 50 g de pistachos pelados
- salsa de soja
- 1 cucharadita de levadura
- 2 tazas de pan rallado
- sal y pimienta

Para la salsa:

- 2 cucharadas de mayonesa
- 1 cucharada de mostaza de Dijon
- 1 cucharada de miel
- pimienta negra molida
- cúrcuma
- aceite de oliva

Para el acompañamiento:

- lechuga romana
- tomate

Para la guarnición:

- 1 bote de lentejas cocidas
- 4 banderillas de encurtidos
- 1 cebolla
- 1 pimiento rojo
- vinagre de manzana
- aceite de oliva
- sal, pimienta

PREPARACIÓN

Las hamburguesas:

Limpiar y picar las setas, el pimiento, la cebolla y los frutos secos. Poner todo en una sartén con aceite y salpimentar. Cuando la verdura esté pochada, añadir un chorrito de salsa de soja. Una vez que las setas se hayan reducido y soltado el agua, retirar la mezcla del fuego y dejarla escurrir en un colador. Verterla en un cuenco y añadir la levadura y el pan rallado bien mezclados. Amasar y dividir la masa en cuatro partes, darles forma de hamburguesa y dejarlas reposar 15 minutos en la nevera. Poner a calentar una sartén con aceite y freír las hamburguesas unos 4 minutos por cada lado.

La salsa:

Echar en un cuenco pequeño la mayonesa, la mostaza y la miel; añadir una pizca de pimienta, media cucharadita de cúrcuma y un poquito de aceite; remover bien. La cantidad de miel y de mostaza se puede modificar según se desee para que la salsa resulte más fuerte o más dulce.

La guarnición:

Enjuagar las lentejas y escurrirlas. Desmontar las banderillas y picar todo muy menudo junto con la cebolla y el pimiento. Echarlo en un cuenco con las lentejas y añadir vinagre, aceite, sal y pimienta.

La presentación:

Abrir el pan, tostarlo por el interior y poner un lecho de lechuga y unas rodajas de tomate. Colocar encima la hamburguesa y echar una buena cucharada de salsa. Presentar la hamburguesa en un plato acompañada de la ensalada de lentejas.

Hamburguesa de garbanzos con chutney de mango

INGREDIENTES

Para las hamburguesas:

- 4 panes de hamburguesa
- 1,5 taza de garbanzos
- 1 cucharadita de curry
- 2 cebollas
- 1 pimiento rojo
- 4 dientes de ajo
- 1 cucharada de perejil
- 1 cucharada de orégano
- pan rallado
- pimienta
- sal

Para la salsa:

- 1 mango grande
- 1 guindilla fresca
- hojas de menta fresca
- azúcar
- jengibre fresco rallado
- sal

Para el acompañamiento:

- chutney
- canónigos

Para la guarnición:

- verduras a la plancha

PREPARACIÓN

Las hamburguesas:

Poner en remojo los garbanzos la noche anterior. Al día siguiente, cocerlos en agua con el curry y un poco de sal. Sofreír las cebollas bien picaditas y, cuando estén pochadas, añadir el pimiento cortado en cuadraditos; cuando esté tierno, incorporar los ajos picados y el perejil. Escurrir los garbanzos, batirlos y echar esta crema en un cuenco. Añadir la cebolla, el pimiento, el orégano y salpimentar al gusto. Incorporar pan rallado suficiente hasta obtener una masa consistente que se pueda moldear. Formar cuatro bolas de unos 150 g cada una y aplastarlas, dejándolas de un grosor de 3 a 4 cm. Freír las hamburguesas en una sartén durante unos 3 minutos por cada lado.

La salsa:

Pelar el mango, cortarlo en daditos y echarlos en un cuenco junto con la guindilla, 2 cucharadas de hojas de menta, 1 cucharadita de azúcar, media cucharadita de jengibre y una pizca de sal. Pasar la mezcla por la batidora.

La presentación:

Abrir el pan, tostarlo por el interior y untarlo con chutney. Poner encima la hamburguesa, echar una buena cucharada de salsa y colocar unos canónigos para completar. Presentar la hamburguesa en un plato con la guarnición de verduras.

Hamburguesa de soja con champiñones, queso feta y crema de yogur

INGREDIENTES

Para las hamburguesas:

- 4 panes de hamburguesa
- 1 tomate seco
- 1,5 tacita de soja texturizada
- 1 tacita de arroz de grano largo
- 1 cucharadita de cúrcuma
- salsa de soja
- aceite de oliva
- orégano
- 60 g de queso feta
- 2 champiñones
- 3 cucharadas de harina de garbanzos

Para la salsa:

- 1 o 2 pepinillos
- 10 alcaparras
- 1 yogur natural cremoso
- 2 cucharadas de zumo de limón
- 1 cucharada de aceite de oliva
- 1/2 cucharadita de mostaza
- sal y pimienta

Para el acompañamiento:

- berros
- rúcula

Para la guarnición:

- menestra de verduras rehogada o bolitas de patata fritas

PREPARACIÓN

Las hamburguesas:

Echar en agua tibia el tomate y la soja texturizada hasta que esta duplique su tamaño. Cocer el arroz entre 7 y 8 minutos; en el último minuto añadir la cúrcuma. Echar en un cuenco la soja escurrida y sazonarla con salsa de soja, un chorro de aceite y orégano. Picar los champiñones y sofreír en una sartén. Picar bien el tomate, desmigar el queso y añadir al cuenco junto con los champiñones. Escurrir el arroz y mezclarlo con el resto de los ingredientes. Formar con la mezcla cuatro bolas de unos 150 g y aplastarlas, dejándolas de un grosor de 3 a 4 cm. Mezclar la harina de garbanzos con un poco de agua y pasar las hamburguesas por esta pasta. Freírlas en abundante aceite caliente y sacarlas cuando estén bien doraditas. Ponerlas a escurrir sobre papel de cocina.

La salsa:

Picar el pepinillo y las alcaparras, y echarlos en un cuenco. Eliminar el exceso de líquido del yogur y añadirlo al cuenco junto con el zumo de limón, el aceite y la mostaza; salpimentar y ligar bien la mezcla.

La presentación:

Abrir el pan, tostarlo por el interior y preparar un lecho de rúcula y berros. Poner encima la hamburguesa y una cucharada de salsa. Presentar la hamburguesa en un plato con la guarnición elegida.

Bocadillos y Sándwiches

El bocadillo sigue siendo todo un éxito en la actualidad, especialmente en los momentos en los que no se quiere interrumpir el enfrentamiento deportivo o la película que transmiten en televisión.

Se puede utilizar una infinita variedad de ingredientes en su elaboración, pero uno en concreto no puede faltar, el pan, y en este sentido también hay mucho donde elegir.

Tipos de pan

Baguette

Importada de Francia, la *baguette* es la segunda variedad de pan más consumida en nuestro país. Se elabora con harina de trigo refinada, es mucho más alargada que nuestras barras tradicionales (en francés *baguette* significa «varilla») y tiene una corteza muy crujiente, lo que la hace ideal para la preparación de bocadillos.

Brioche

Llamado también *pan de leche* o *pan de yema*, el brioche es un pan francés dulce hecho con huevo, leche y mantequilla. La corteza se dora antes de hornearla, para que adquiera así su color característico, mientras que la miga es de un amarillo más pálido. Suele adoptar múltiples formas, incluso anular y hexagonal. Es muy esponjoso y tiene muchas calorías.

Se toma habitualmente en el desayuno, la merienda o como postre, combinado con alimentos dulces, como frutas o mermeladas entre otros, o salados como patés, embutidos y carnes.

Chapata

La chapata italiana es un pan cada vez más consumido y apreciado en toda Europa por sus excelentes cualidades. Es una variedad del tradicional pan romano más alargada y estrecha. Su corteza gruesa y muy crujiente contrasta con una miga fresca y jugosa. Tiene un color ligeramente oscuro y un sabor intenso, resultado de un largo proceso de fermentación. Los panecillos de chapata individuales son excelentes para preparar todo tipo de bocadillos.

Pan inglés o de molde

Las variedades de pan inglés o de molde tienen más grasa que la barra de pan tradicional, pero no aportan más calorías. Con una característica forma cuadrada, el pan de molde ofrece varias ventajas con respecto a sus competidores: resulta más fácil de masticar y su periodo de conservación es muy superior al del pan común. Hay numerosas variedades de pan de molde (blancos, integrales, con fibras, bajos en calorías, con corteza, sin corteza, etc.) que se adaptan a los diferentes gustos del mercado.

Panecillo inglés

El panecillo inglés, de forma redonda, se elabora con harina, centeno o avena. Originario de Escocia, se toma en toda Inglaterra, especialmente en el desayuno o con el té, recién sacado del horno y untado con mantequilla y mermelada.

Pan moreno de centeno

Característico de los países nórdicos, donde es conocido como pan negro o *pumpernickel*, el pan moreno de centeno se está introduciendo poco a poco en los hogares españoles, aunque todavía resulta bastante desconocido. Es una variedad oscura más compacta y menos esponjosa que el pan común. A su composición se le añade también harina de trigo para conseguir más elasticidad y aclarar el color. Apenas tiene corteza, ya que durante la fermentación de la masa se evita el contacto con el aire.

Tiene menos proteínas y grasas que el pan blanco y, en cambio, más hidratos y fibra

Bocadillos y Sándwiches

Pan de cuatro cereales

Este pan se elabora con la mezcla de cuatro tipos distintos de cereal: trigo, avena, sésamo y linaza. Es un pan integral y, como tal, tiene una miga más compacta y oscura. Su sabor y aroma son muy característicos, propios de los cereales con los que está hecho. Las semillas que decoran la corteza es otro de sus atractivos. Contiene un alto porcentaje de fibra, además de numerosas vitaminas y minerales.

Pan de pasas

Es típico de la gastronomía de Alemania, donde se conoce con el nombre de rosinenbrot, aunque se consume también en toda Centroeuropa. Destaca por su sabor delicioso gracias al toque exótico que le confieren las pasas. Como también contiene mantequilla y azúcar, es un pan muy energético.

Tierno o tostado, es adecuado para preparar originales canapés y bocadillos exquisitos combinados con patés, salmón ahumado, quesos, gambas, membrillo, frutos secos, etc.

Pan de pipas de girasol

Es una de las variedades más novedosas del mercado. Presenta una miga jugosa y un marcado sabor a pipas. Se puede comer solo o bien como acompañamiento de otros platos, especialmente pescados.

Panecillo de Viena

A esta variedad, semejante al brioche, se le añade, además de los ingredientes habituales, leche en polvo, mantequilla, azúcar y harina o extracto de malta. De sabor suave, su corteza es fina y dorada, ideal para recetas dulces y para los niños.

Pan pita

Procedente de Siria, hoy este pan está extendido por todo el mundo y forma parte de la gastronomía de muchas culturas. Es un pan plano que se abre lateralmente para introducir los rellenos más variados. Es muy nutritivo y contiene proteínas, hierro y vitamina B.

Pan ártico o *flat bread*

A pesar de su nombre, más que un pan es una galleta o una torta aplanada, que se elabora con harina integral y en ocasiones con patata. Con esta torta se preparan rollitos con los ingredientes más variados. Es el pan nacional de Noruega (aunque también se consume en otros países nórdicos como Suecia), donde el clima seco permite que se conserve durante mucho tiempo. Se puede encontrar en establecimientos especializados.

Pan *naan*

Característico del centro y el sur de Asia, se trata de un pan plano y suave que se prepara con harina de trigo blanca. Originariamente se cocía en un *tandoor*, un horno con forma cilíndrica que se calienta con carbón vegetal. Este pan suele acompañar a numerosas especialidades y salsas asiáticas y árabes, como el hummus o el paté de berenjenas, pero también se consume relleno de carne picada, patatas, nueces, pasas, etc.

Pan con pasas de Corinto

Este pan tipo brioche se elabora con azúcar, leche y huevos, y se rellena con pasas de Corinto. Es característico de Bélgica y del norte de Francia (países en los que se conoce como *cramique*), donde se suele consumir en el desayuno o en la merienda, untado con mantequilla, mermelada, cacao o paté.

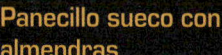

Panecillo sueco con almendras

Elaborado con huevo, este panecillo algo dulce posee una miga esponjosa, tiene un delicioso toque de vainilla y está enriquecido con trocitos de almendras. Se toma especialmente en el desayuno o con el té, y combina a la perfección con los sabores fuertes del jamón o del salmón ahumado.

Panes de España

En España existen hasta 315 variedades de pan, algunas de ellas con una gran tradición en determinadas zonas geográficas. A continuación se citan algunos ejemplos.

Candeal

Procedente de Castilla y Andalucía, este pan está elaborado con harina candeal y puede tener diferentes formas y pesos. Es un pan de miga densa y está especialmente indicado para acompañar las comidas de la región.

Hogaza

Es un pan de aspecto rústico, de gran tamaño y forma redondeada, con harina espolvoreada en su superficie. Típico de Palencia, León o Zamora, posee un agradable aroma y un intenso sabor.

Su masa es blanda y se caracteriza por necesitar un largo periodo de fermentación.

Pan de cinta

Característico de Aragón, presenta una corteza crujiente y una miga hueca.

Pan de Logrosán

Típico de Extremadura, se caracteriza por su masa densa. Con él se elaboran las famosas migas extremeñas.

Panchón

Presenta una forma de hogaza aplastada y estriada, y su color exterior es blanquecino. Se consume en Asturias.

Payés

El pan de payés es típico de Cataluña y Baleares, pero también es uno de los más consumidos en toda España.

Se agrupa dentro de los denominados panes rústicos, ya que su método de elaboración constituye la forma tradicional de preparar este alimento en los pueblos («payés» es sinónimo de «campesino»). De forma redonda, presenta una corteza dura y una miga esponjosa y fresca. La mejor manera de disfrutarlo es untado con tomate.

Patés y aliños

Estos patés, aliños y salsas se pueden añadir a las recetas de bocadillos para que resulten más sabrosas.

Todos están pensados para **4 personas**.

Tapenade o paté de aceitunas negras

Ingredientes

- 200 g de aceitunas negras deshuesadas
- 50 g de anchoas en aceite de oliva
- 1/2 cebolla
- 1 diente de ajo
- 1 cucharada de alcaparras
- 4 cucharadas de aceite de oliva virgen

Preparación

Colocar en el vaso de la batidora las aceitunas, las anchoas, las alcaparras y el ajo y la cebolla picados, y mezclar bien. Incorporar muy lentamente el aceite de oliva y volver a batir hasta obtener una pasta cremosa y consistente.

Trasladar el paté a un frasco con cierre hermético y guardarlo en la nevera, donde se conservará bien durante varios días.

Consejo: por su sabor fuerte, resulta estupendo para untar sobre pan suave o integral, o tomarlo solo o en sándwiches vegetales, de tortilla o de queso.

Salsa tártara

Ingredientes

- 200 g de mayonesa
- 1 cucharadita de alcaparras
- 1 pepinillo en vinagre mediano
- 80 g de cebolleta
- 1 ramita de perejil
- zumo de limón o agua (opcional)

Preparación

Picar finamente la cebolleta, las alcaparras y el pepinillo y mezclarlos en un cuenco con la mayonesa, removiendo bien. Si la salsa resulta demasiado espesa, añadir un poco de zumo de limón o de agua.

Dejar reposar 1 hora en la nevera, tapada con film transparente, antes de servir.

Consejo: queda muy bien en una amplia variedad de bocadillos, especialmente de pescado (fritos o al vapor) y mariscos.

Paté de salmón

Ingredientes

- 50 g de salmón ahumado
- 2 huevos duros
- 3 cucharadas de mayonesa
- 2 ramitas de cebollino
- una pizca de pimienta blanca molida
- unas gotas de tabasco (opcional)

Preparación

Pelar los huevos duros y rallarlos.

Trocear el salmón e introducirlo en el vaso de la batidora junto con el huevo duro y la mayonesa. Batir hasta conseguir una salsa suave y homogénea.

Incorporar el cebollino picado y pimienta blanca al gusto. Para darle un toque más picante, agregar unas gotas de tabasco si se desea.

Consejo: este paté combina a la perfección con hortalizas.

Paté de berenjena

Ingredientes

- 2 berenjenas grandes
- 60 g de tahini
- 1 diente de ajo
- 2 cucharadas de zumo de limón
- 1 cucharada de aceite de oliva
- 1/2 cucharadita de comino molido
- sal
- 4 cucharadas de yogur natural (opcional)

Preparación

Con ayuda de un cuchillo bien afilado, cortar las berenjenas longitudinalmente. Hacer unos cortes en la carne sin llegar a la piel.

Forrar la bandeja del horno con papel de aluminio y colocar las berenjenas con la piel hacia arriba. Asar en el horno a 200 °C durante 20-25 minutos.

Pasado ese tiempo, sacarlas del horno y dejar que se enfríen ligeramente antes de pelarlas. Triturar la pulpa junto con el zumo de limón, el ajo, el tahini (esta pasta de sésamo se puede adquirir en establecimientos árabes de alimentación), el comino y el aceite, y sazonar al gusto. Si se desea obtener una textura más cremosa, incorporar el yogur natural.

Consejo: conocido como *mutabal* o *baba ghanoush*, este paté es una delicia oriental que queda perfecta untada en pan pita o en tostadas.

Paté de atún y anchoas

Ingredientes

- 50 g de atún en aceite de oliva
- 50 g de anchoas en aceite de oliva
- 50 g de mantequilla
- 1 cucharada de zumo de limón

Preparación

Sacar la mantequilla de la nevera con antelación y dejar que se temple a temperatura ambiente para que se ablande. Poner en el vaso de la batidora todos los ingredientes y batir hasta obtener una mezcla homogénea.

Consejo: es un paté ideal para bocadillos fríos.

Crema de cacahuete

Ingredientes

- 500 g de cacahuetes
- 100 g de mantequilla
- sal
- aceite de oliva

Preparación

Retirar la cáscara y la piel de los cacahuetes y colocarlos en un cuenco junto con la mantequilla, una pizca de sal y unas gotas de aceite. Batir bien hasta obtener una crema homogénea.

Guardar la crema en un tarro de cristal con cierre hermético en la nevera.

Consejo: un sándwich de pan integral de cinco cereales untado con la crema de cacahuetes y relleno de lonchas de beicon fritas puede ser una excelente manera de degustarla.

Vinagreta italiana

Ingredientes

- 8 alcaparras
- 2 pepinillos en vinagre
- 8 cucharadas de aceite de oliva
- 3 cucharadas de vinagre balsámico
- sal
- pimienta

Preparación

Picar las alcaparras y los pepinillos.

Verter el aceite de oliva y el vinagre en un cuenco y remover con ayuda de un tenedor hasta que emulsionen. Añadir el resto de ingredientes, salpimentar al gusto y remover de nuevo.

Consejo: ideal en los bocadillos vegetales, esta vinagreta también queda de maravilla con queso y embutidos de sabores suaves, además de utilizarse como aliño de ensaladas.

Hummus

Ingredientes

- 300 g de garbanzos cocidos
- 100 g de tahini
- el zumo de 1 limón
- 2 dientes de ajo
- 1 cucharadita de sal
- 1 cucharadita de comino
- 1 cucharadita de perejil
- aceite de oliva

Preparación

Triturar con ayuda de la batidora 250 g de garbanzos, el tahini, los ajos y la sal hasta obtener una pasta cremosa. Añadir el zumo de limón y mezclar.

Espolvorear el comino y el perejil, y agregar un chorrito de aceite. Adornar con los garbanzos enteros restantes antes de servir.

Consejo: el hummus, con su sabor y aroma característicos, casa con los sándwiches vegetales.

Mantequilla de ajo y perejil

Ingredientes

- 100 g de mantequilla
- 1 diente de ajo
- 2 cucharaditas de perejil

Preparación

Dejar que la mantequilla se temple a temperatura ambiente para que se ablande. Cortarla en trozos y mezclarla en un cuenco con el ajo y el perejil picados hasta conseguir una crema. Conservar en la nevera.

Consejo: el perejil se puede sustituir por otras hierbas aromáticas, como cilantro u orégano, y se puede añadir una pizca de pimienta negra molida.

Mantequilla de mostaza

Ingredientes

- 125 g de mantequilla
- 1 cucharada de mostaza
- 1 yema de huevo duro (opcional)

Preparación

Mezclar la mantequilla con la mostaza. Si se desea, se puede añadir también 1 yema de huevo duro. Remover bien hasta obtener una pasta homogénea. Conservar en la nevera en un cuenco tapado con film transparente.

Consejo: resulta perfecta para acompañar pescados, como bacalao o salmón.

Aliño de yogur a las siete hierbas

Ingredientes

- 100 g de yogur natural desnatado
- 150 ml de crema de leche
- 1 cebolla
- 1 diente de ajo
- 1 manojo de hierbas frescas (albahaca, eneldo, perifollo, perejil, romero, cebollino y tomillo)
- pimienta blanca molida
- 1 ramita de cebollino para decorar
- sal

Preparación

Lavar las hierbas y picarlas finamente.

Pelar la cebolla y el ajo. Picar bien la primera y machacar el segundo con ayuda de un mortero.

Poner en un cuenco el yogur y añadir las hierbas, la crema de leche, la cebolla y el ajo y batir bien. Salpimentar al gusto y remover hasta obtener una salsa suave.

Decorar con cebollino picado.

Consejo: este aliño fresco, ligero y nutritivo armoniza bien con todo tipo de hortalizas, especialmente con pepino y zanahoria.

Salsa de las mil islas

Ingredientes

- 2 yemas de huevo duro
- 1 pepinillo en vinagre pequeño
- 1/2 chalota pequeña
- 1/4 de pimiento rojo
- 50 g de mayonesa ligera
- 3 cucharadas de kétchup
- 3 cucharadas de crema de leche
- sal
- cayena molida

Preparación

Asar el pimiento en el horno a 200 °C hasta que se rompa la piel.

Mientras tanto, picar el pepinillo finamente y pelar y rallar la chalota. Mezclar ambos ingredientes en un cuenco.

Una vez asado, pelar el pimiento rojo y cortarlo en trozos pequeños. Incorporarlo al cuenco y añadir las yemas de huevo duro, la mayonesa, el kétchup y la crema de leche. Salpimentar.

Mezclar todo bien hasta obtener una salsa.

Consejo: esta salsa, deliciosa e imaginativa, aportará un toque personal a los bocadillos mixtos de hortalizas y carnes.

Bocadito *pleskaviska*

INGREDIENTES

Para 4 personas

- 4 panecillos redondos
- 4 filetes de carne de ternera picada
- 1 cebolla
- aceite de oliva
- perejil para decorar

Para la salsa *ajvar*:

- 6 pimientos rojos o chiles
- 2 berenjenas
- 2 tomates
- 3 dientes de ajo
- 6 cucharadas de aceite de oliva
- 1 cucharada de vinagre de vino blanco
- una pizca de sal
- una pizca de pimienta negra molida

PREPARACIÓN

1 Para preparar la salsa *ajvar*, lavar los pimientos y las berenjenas y asarlos en el horno precalentado a 240 °C durante 30 minutos. Cuando las hortalizas estén un poco tostadas, retirarlas y dejarlas enfriar. Se pueden envolver en papel de periódico para que sea más fácil retirar la piel después.

2 Una vez frías, pelar las hortalizas, retirar las semillas y cortarlas en dados. Lavar y trocear los tomates. Colocar estos ingredientes en un cuenco y añadir los ajos picados. Verter el aceite de oliva y el vinagre, y salpimentar. Mezclar bien todos los ingredientes. Rectificar de sal, pimienta y vinagre si es necesario.

3 A continuación, pelar y cortar la cebolla. Freírla junto con los filetes de carne picada en una sartén con aceite a fuego fuerte. Cuando la carne esté lista, retirar del fuego y dejar escurrir el exceso de grasa sobre una bandeja con papel absorbente.

4 Abrir los panecillos por la mitad y disponer en el interior un poco de salsa *ajvar*, un filete de carne picada y cebolla al gusto.

5 Decorar con perejil.

El secreto de este sándwich reside en el *ajvar*, una tradicional pasta originaria de los países balcánicos que se elabora con berenjenas, pimiento rojo o chiles, aceite de oliva y ajo. En función de la cantidad de chiles y ajos que se utilice, se obtendrá una salsa dulce, picante o muy picante.

Perrito caliente picante

INGREDIENTES

Para 4 personas

- 4 panecillos alargados
- 4 salchichas condimentadas con ajo y hierbas
- 1 tomate
- 1 cebolla roja
- 1 cucharada de albahaca fresca
- 2 cucharaditas de salsa picante
- 2 cucharaditas de aceite de oliva

PREPARACIÓN

1 En un cuenco mezclar bien con un tenedor el tomate, la albahaca y la cebolla picados. Reservar.

2 Calentar el aceite en una sartén y freír las salchichas a fuego medio hasta que estén bien doradas.

3 Abrir los panecillos por la mitad y rellenar cada uno con una salchicha y un poco de la mezcla de tomate, cebolla y albahaca. Distribuir por encima la salsa picante y servir.

Se cuenta que a principios del siglo xx a un perspicaz comerciante de Estados Unidos se le ocurrió vender bocadillos de salchichas vienesas en los estadios de béisbol. El éxito fue tal que un caricaturista deportivo publicó un chiste que ponía en duda la calidad de sus productos, en el que aparecía un perro *dachshund* (o perro salchicha) entre dos rebanadas de pan. Así surgieron los populares *hot dogs* o perritos calientes.

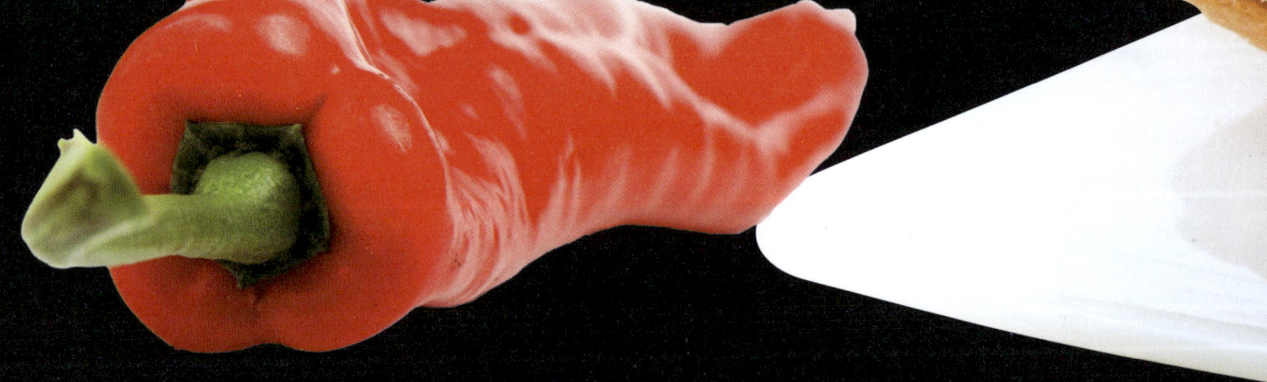

Tosta de espárragos y jamón

INGREDIENTES

Para 4 personas

- 4 rebanadas de pan de hogaza o de payés
- 16 espárragos trigueros
- 2 huevos duros
- 100 g de jamón serrano
- 30 g de queso rallado
- 2 cucharadas de brandy
- perejil para decorar

PREPARACIÓN

1 Desechar la parte dura de los espárragos y hervirlos en una cazuela con agua caliente.

2 Cortar los huevos duros en rodajas.

3 Tostar el pan con ayuda de la tostadora.

4 Disponer sobre las rebanadas de pan 4 espárragos, 1 loncha de jamón serrano y 2 o 3 rodajas de huevo duro. Espolvorear por encima el queso rallado y regar con un chorrito de brandy.

5 Gratinar en el horno durante 4 o 5 minutos hasta que el queso se funda. Decorar con perejil y servir calientes.

Los espárragos trigueros, de bajo contenido calórico (el 90% es agua), son ricos en sales minerales y vitaminas, y tienen propiedades diuréticas y antioxidantes. Esta receta, que combina jamón con espárragos, constituye un original aperitivo.

Pita con cordero

INGREDIENTES

Para 4 personas

- 4 panes de pita
- 250 g de carne de cordero
- 1 cucharada de cebolla picada en juliana
- 1 cucharada de pimiento rojo picado en juliana
- 1 cucharada de perejil picado
- 1 cucharada de piñones
- una pizca de sal
- una pizca de pimienta negra molida
- aceite de oliva

Para la salsa de tahini:

- 400 ml de agua
- 200 ml de tahini
- zumo de 1 limón
- una pizca de sal

PREPARACIÓN

1. Para elaborar la salsa, mezclar el tahini (se puede comprar en tiendas especializadas en comida árabe) en un cuenco con una pizca de sal y remover bien. Agregar el agua sin dejar de batir hasta obtener una crema espesa. Añadir el zumo de limón y volver a batir bien. Reservar.

2. En una sartén con aceite, freír en primer lugar la carne de cordero cortada en tiras y después la cebolla y el pimiento. Poner todo en un cuenco, añadir el perejil, salpimentar y mezclar bien.

3. Abrir los panes y rellenar cada uno con la mezcla de carne; agregar salsa de tahini al gusto. La salsa que no se utilice se puede conservar en la nevera durante una semana. Distribuir los piñones dentro de cada panecillo y decorar con más perejil picado.

4. Si se desea, se puede calentar en el grill durante 5 minutos por cada lado para que el pan se tueste. Servir calientes.

Esta especialidad libanesa es excelente como tentempié o para una cena ligera con amigos. La textura cremosa y densa y el característico sabor del tahini aportan un toque delicioso. Elaborada a base de semillas de sésamo, esta pasta tradicional de la cocina de Oriente Próximo resulta muy nutritiva, ya que aporta un importante número de grasas insaturadas.

Brioche de tortilla de cebolla roja y hummus

INGREDIENTES

Para 4 personas

- 4 brioches
- 6 huevos
- 4 cebollas rojas
- 2 tomates
- 25 g de parmesano
- hojas tiernas de espinacas
- 2 cucharadas de aceite de oliva
- una pizca de sal
- una pizca de pimienta negra molida
- hummus (véase pág. 112)

PREPARACIÓN

1 Pelar las cebollas y cortarlas en juliana. Calentar 1 cucharada de aceite en una sartén y sofreírlas hasta que estén transparentes.

2 Batir los huevos y añadir las cebollas y el queso rallado. Salpimentar.

3 Calentar el aceite restante en una sartén y añadir la mezcla de huevo y cebolla. Cuando la base esté hecha, mover la sartén de un lado a otro para despegar el fondo. Dar la vuelta a la tortilla y dejar que se haga por el otro lado.

4 Partir por la mitad los brioches y untar el interior con hummus. Disponer sobre cada parte inferior unas hojas tiernas de espinacas, 1 o 2 rodajas de tomate y una lámina de tortilla. Tapar con la parte superior del brioche.

El sabor algo dulce de los brioches armoniza perfectamente con el gusto también dulzón de la cebolla. El aderezo de hummus, una salsa espesa o puré elaborado con garbanzos cocidos y condimentados, ofrece una nota exótica.

Bocadillos y Sándwiches calientes

Pita con salchichas de cerdo en salsa de ciruelas

INGREDIENTES

Para 4 personas

- 4 panes pita
- 500 g de carne de cerdo picada
- 1/2 manzana
- 2 cebolletas
- 2 hojas de col
- 2 cucharadas de aceite de oliva
- 1 pimiento rojo para decorar
- cebollino para decorar

Para la salsa de ciruelas:

- 50 g de ciruelas pasas
- 200 ml de nata líquida
- una pizca de azúcar
- 100 ml de agua
- 1 cebolla pequeña
- 1 cucharada de aceite de oliva
- una pizca de sal

PREPARACIÓN

1 Para preparar la salsa de ciruelas, calentar el aceite en una sartén y sofreír la cebolla picada. Cuando empiece a dorarse, incorporar las ciruelas cortadas en trozos muy pequeños y añadir el agua.

2 Proseguir la cocción a fuego lento durante 10 minutos, sin dejar de remover. Cuando la salsa haya reducido, añadir la nata. Rectificar de sal, echar una pizca de azúcar y reservar.

3 Lavar las hojas de col, cortarlas en tiras y reservar.

4 Lavar y rallar la manzana. Mezclarla en un cuenco con la carne de cerdo y las cebolletas picadas hasta obtener una bola. Dividirla en 4 porciones y darles forma de salchicha.

5 Calentar el aceite en una sartén y freír las salchichas hasta que queden doradas.

6 Disponer sobre cada pan pita unas tiras de col, una salchicha y un poco de salsa de ciruelas. Decorar con cebollino picado y trozos de pimiento rojo, y servir.

La salsa de ciruelas es ideal para aderezar la carne de cerdo, pues ofrece un atractivo contraste de sabores. Además, es una excelente manera de consumir ciruelas, que aportan a nuestra dieta diaria gran cantidad de fibra y vitaminas.

Panecillo relleno de carne y sobrasada

INGREDIENTES

Para 4 personas

- 4 panecillos redondos
- 200 g de carne de ternera picada
- 100 g de sobrasada
- 100 g de cebolla
- 500 ml de leche
- 3 cucharadas de aceite de oliva
- una pizca de canela en polvo
- una pizca de sal
- cebollino para decorar
- canela en rama para decorar

PREPARACIÓN

1 Cortar los panecillos por la parte superior, de forma que queden como un cestillo. Retirar la miga y ponerla en remojo en un cuenco con 50 ml de leche hirviendo.

2 Picar la cebolla finamente. Calentar el aceite en una sartén pequeña y rehogar la cebolla hasta que esté transparente. Incorporar la carne picada y rehogar unos minutos más, removiendo de vez en cuando.

3 Añadir después la sobrasada cortada en trocitos y, con ayuda de un tenedor de madera, mezclar bien la carne con la sobrasada. Si es necesario, retirar de vez en cuando el exceso de grasa de la sartén.

4 Sacar la miga de pan de la leche y escurrirla un poco. Incorporarla a la sartén y remover de nuevo. Sazonar con sal y una pizca de canela en polvo. Rellenar con esta mezcla los panecillos.

5 Poner la leche restante en un cuenco. Bañar los panecillos en la leche, escurrirlos y freírlos en aceite muy caliente.

6 Decorar con cebollino y un palito de canela. Servir enseguida.

El mérito de la invención de la sobrasada se lo disputan los antiguos romanos y los agricultores mallorquines, aunque su elaboración también se relaciona con una técnica originaria de Sicilia. Surgió de la necesidad de conservar la carne de cerdo durante todo el año sin que se estropease. Sin embargo, no se incorporó el pimentón, que le aporta a la sobrasada su aspecto actual, hasta el siglo XVII.

Sándwich frito Montecristo

INGREDIENTES

Para 4 personas

- 12 rebanadas de pan integral de avena
- 8 lonchas de gruyer
- 4 lonchas de jamón de york
- 2 cucharadas de mostaza
- 4 filetes de pollo finos
- 2 cucharadas de aceite de oliva
- 3 huevos
- 125 ml de leche
- cebollino para decorar

PREPARACIÓN

1 Extender 4 rebanadas de pan sobre una superficie plana. Colocar sobre cada rebanada una loncha de queso y otra de jamón. Agregar un poco de mostaza y cubrir con otra rebanada de pan.

2 A continuación, disponer encima otra loncha de queso, un filete de pollo y la otra rebanada de pan.

3 Cortar estos sándwiches en cuartos y ensartarlos con un palillo.

4 Batir los huevos en un cuenco y añadir la leche. Bañar los sándwiches en esta mezcla, procurando que se empapen bien, pero sin que se desmonten.

5 En una sartén agregar el aceite y, cuando esté bien caliente, freír los sándwiches hasta que se doren.

6 Retirar los bocadillos y colocar sobre papel absorbente para eliminar el exceso de grasa.

7 Decorar con cebollino. A la hora de servir, se puede optar por quitar los palillos o por mantenerlos para que resulte más fácil coger los sándwiches.

Aunque admite algunas variaciones, el sándwich Montecristo básico se elabora con dos rebanadas de pan blanco rellenas con jamón, carne de pavo o pollo y queso, rebozadas y fritas. Este bocadillo puede constituir un desayuno de domingo energético y sabroso.

Brioche de jamón y piña

INGREDIENTES

Para 4 personas

- 4 brioches
- 2 cucharadas de mostaza
- 1 puerro
- 4 lonchas de jamón de york
- 4 rodajas de piña
- 4 huevos
- 4 lonchas de cheddar
  - aceite de oliva

PREPARACIÓN

1 Cortar los brioches por la mitad, tostarlos y untar el interior con la mostaza.

2 Lavar y cortar en rodajas el puerro. Calentar 1 cucharada de aceite en una sartén y sofreír los trozos de puerro hasta que estén tiernos. Retirar y disponer sobre los brioches.

3 En el mismo aceite, dorar las lonchas de jamón y después las rodajas de piña, y colocarlas sobre el puerro en el mismo orden.

4 Freír los huevos en aceite muy caliente y disponerlos sobre cada brioche, encima de la piña.

5 Para finalizar, colocar 1 loncha de cheddar. Calentar en la plancha durante 1 minuto para que se funda el queso, cubrir con la otra mitad del brioche y servir enseguida.

Además de su estupendo sabor y su inconfundible aroma, la piña resulta muy adecuada para la circulación por sus componentes. En esta receta la combinación de dulce y salado es deliciosa.

Sándwich de sobrasada, queso y miel

INGREDIENTES

Para 4 personas

- 8 rebanadas de pan moreno
- 200 g de sobrasada
- 8 lonchas de queso
- 2 cucharadas de miel

PREPARACIÓN

1 Tostar las rebanadas de pan y colocarlas sobre una fuente plana.

2 Extender la sobrasada sobre la mitad de las rebanadas. Añadir la miel y cubrir cada rebanada con 2 lonchas de queso. Cerrar los sándwiches con las 4 rebanadas restantes.

3 Gratinar en el grill del horno durante 5 o 6 minutos hasta que el pan quede dorado y el queso se funda. Servir calientes.

En este clásico de la cocina mallorquina se juega, como en gran parte de su gastronomía, con el contraste entre lo dulce y lo salado. La combinación de la miel con la sobrasada y el queso convierte este bocadillo en una bomba calórica, ideal para un desayuno energético o para recuperar las fuerzas después de realizar ejercicio.

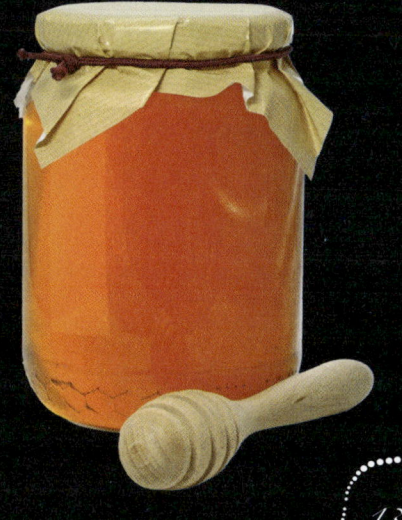

Minibocadillos de queso de cabra y verduras

INGREDIENTES

Para 4 personas

- 4 panecillos redondos
- 100 g de queso de cabra fresco
- 1 berenjena
- 1 pimiento rojo
- 1 pimiento amarillo
- brotes de espinacas
- sal

PREPARACIÓN

1 Lavar las verduras, cortarlas a lo largo en lonchas finas y salarlas. Encender el grill del horno y asarlas durante 10 minutos.

2 Abrir los panecillos por la mitad y disponer en su interior una loncha de pimiento amarillo, una de berenjena, una de pimiento rojo, unos brotes de espinacas y queso de cabra cortado en rodajas.

La leche de cabra tiene un bajo aporte calórico debido a la escasa cantidad de hidratos de carbono y grasas que contiene. Es una fuente excelente de proteínas y aminoácidos esenciales. Es, además, rica en calcio y vitaminas A, D, B1, B2 y B12.

Se estima que, después de la leche materna, la de cabra es la más equilibrada. Contiene menos lactosa y es muy blanca, debido a que el betacaroteno, que aporta color amarillo en otros casos, se ha convertido en vitamina A, que es incolora.

Croque de salmón

INGREDIENTES

Para 4 personas

- 8 rebanadas de pan de molde
- 4 lonchas de salmón ahumado
- 30 g de mantequilla
- eneldo para decorar

Para la vinagreta:

- zumo de limón
- 200 ml de crema de leche
- 2 cucharadas de eneldo
- una pizca de nuez moscada

PREPARACIÓN

1 Sacar la mantequilla de la nevera unos minutos antes de preparar la receta para que se ablande.

2 Mientras se templa, preparar una vinagreta en un cuenco con la crema de leche y un chorrito de zumo de limón. Añadir el eneldo picado y una pizca de nuez moscada. Mezclar bien.

3 A continuación untar las rebanadas, por una de las caras, con la mantequilla. Colocarlas sobre una plancha caliente con la parte untada de mantequilla hacia abajo, y dorarlas ligeramente.

4 Disponer 4 rebanadas con la parte tostada hacia abajo sobre 4 platos. Cubrir cada una de ellas con una loncha de salmón y aderezarlas con una cucharada de la vinagreta de eneldo. Cubrir los sándwiches con el resto de las rebanadas, dejando la cara tostada hacia arriba.

5 Decorar con una ramita de eneldo y servir antes de que el pan se enfríe.

En esta deliciosa variante del conocido *croque-monsieur* en la que se emplea salmón ahumado, el eneldo ayuda a potenciar el sabor del pescado, le da un agradable aroma a anís y además aporta sus propiedades digestivas y calmantes.

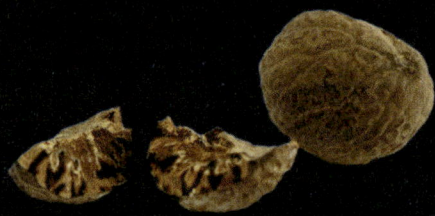

Bocadillo de anchoas y pimientos escalivados

INGREDIENTES

Para 4 personas

- 4 panecillos
- 200 g de mozzarella
- 1 pimiento rojo
- 2 cucharadas de aceite de oliva
- 12 aceitunas negras deshuesadas
- 12 aceitunas verdes deshuesadas
- 1 cebolla
- 12 anchoas
- 4 ramitas de perejil
- 1 cucharadita de hojas de tomillo
- 8 cucharadas de vinagreta italiana (véase pág. 112)

PREPARACIÓN

1 Para escalivar el pimiento, precalentar el horno a 170 °C. Mientras, lavar y secar bien el pimiento. Colocarlo en la bandeja del horno, regar con el aceite de oliva y asar durante 1 hora, dándole la vuelta de vez en cuando para que se haga de forma homogénea.

2 Dejar enfriar el pimiento antes de quitarle la piel y las pepitas. Cortarlo en tiras finas.

3 Abrir los panecillos por la mitad y rociar la vinagreta sobre cada una de las partes.

4 Pelar la cebolla y cortarla en aros. Disponerlos sobre los panecillos y colocar encima la mozzarella cortada en rodajas. Rellenar con las aceitunas troceadas, las anchoas y las tiras de pimiento.

5 Picar finamente el perejil y el tomillo y repartir por encima de los ingredientes antes de cerrar los bocadillos.

El término catalán *escalivar* significa «asar al rescoldo o entre cenizas», y de ahí proviene la palabra *escalivada*, uno de los platos estrella de la cocina de esta región. Además de los pimientos, se pueden escalivar otras verduras, como las berenjenas o las cebollas, que se pueden aromatizar con numerosas especias, entre ellas comino, orégano, albahaca, menta, tomillo, cardamomo o cilantro.

Bocadito de salmón y kiwi

INGREDIENTES

Para 4 personas

- 8 panecillos de semillas de amapola
- 4 lonchas de salmón ahumado
- 2 kiwis
- 2 zanahorias
- 1 calabacín
- 4 lonchas de queso fresco
- una pizca de sal

PREPARACIÓN

1 Cortar las zanahorias y el calabacín en dados pequeños y cocer en el agua ligeramente salada durante 2 minutos. Retirar y dejar enfriar.

2 Pelar los kiwis y cortarlos en rodajas finas.

3 Cortar los panecillos por la mitad.

4 Mezclar el calabacín y la zanahoria con el queso fresco. Disponer 1 cucharada generosa de esta mezcla sobre la mitad inferior de los panecillos. Cubrir con 1/2 loncha de salmón ahumado y colocar después 2 rodajas de kiwi.

5 Tapar cada bocadito con la otra mitad del panecillo. Dejar enfriar en la nevera unos minutos y servir bien fresco.

Este bocadillo, una atractiva combinación de colores y de sabores dulces y salados, es ideal para el desayuno o para una comida estival. El kiwi, además de muy sabroso, es un fruto nutritivo y muy saludable, con más del doble de vitamina C que la naranja.

Panecillo de queso fresco y atún a las hierbas

INGREDIENTES

Para 4 personas

- 8 panecillos con copos de avena
- 80 g de atún en aceite de oliva
- 200 g de queso fresco
- 2 huevos duros
- 1 cucharada de aceite de oliva
- 1 cucharada de orégano fresco
  - 1 cucharada de albahaca fresca
  - 1 cucharada de salvia fresca
    - ramitas de orégano fresco para decorar

PREPARACIÓN

1 Abrir por la mitad los panecillos. Disponer en la parte inferior de cada uno de ellos un trozo de queso, una cucharadita de atún desmenuzado y una rodaja de huevo duro. Regar con un poco de aceite y espolvorear con las hierbas aromáticas picadas.

2 Tapar los panecillos con su mitad correspondiente y decorar el plato con una ramita de orégano fresco antes de servir.

Las hierbas como el orégano, la albahaca y la salvia aportan un sabor y un aroma delicioso a estos pequeños bocadillos, ideales para una merienda en el campo. El pan con copos de avena, que tiene una miga muy ligera, es una buena opción para esta receta.

Sándwich sueco de marisco

INGREDIENTES

Para 4 personas

- 8 rebanadas de pan de molde
- 300 g de gambas
- 200 g de palitos de cangrejo
- 2 huevos duros
- 1/2 lechuga
- el zumo de 1/2 limón
- 2 cucharadas de mayonesa
- 1 cucharada de kétchup
- 1 cucharada de perejil
- una pizca de sal
- una pizca de pimienta negra molida
- ramitas de perejil para decorar

PREPARACIÓN

1 Cocer las gambas y, cuando estén listas, pelarlas y picarlas. En un cuenco, mezclar las gambas con los palitos de cangrejo troceados y el zumo de limón. Añadir el perejil picado, la mayonesa y el kétchup. Salpimentar y mezclar bien con ayuda de una cuchara.

2 Lavar la lechuga y escurrirla bien. Cortar los huevos duros en rodajas finas.

3 Cubrir 4 de las rebanadas de pan con una hoja de lechuga, a continuación 2 cucharadas del preparado de marisco y encima una rodaja de huevo duro. Tapar los sándwiches con las rebanadas restantes.

4 Decorar cada plato con una ramita de perejil antes de servir.

Los palitos de cangrejo son una excelente opción si se desea preparar un sándwich sabroso de una manera rápida. Hechos a base de *surimi*, término japonés que significa «músculo de pescado picado», apenas tienen grasa y poseen un alto valor nutritivo.

Bocadillo de cangrejo con salsa rosa y naranja

INGREDIENTES

Para 4 personas

- 8 panecillos alargados
- 16 palitos de cangrejo
- 16 gambas cocidas
- 1/2 lechuga
- 1 naranja

Para la salsa rosa:

- 200 g de mayonesa
- 3 cucharadas de kétchup
- 1 cucharadita de brandy
- 1 cucharadita de salsa Worcestershire

PREPARACIÓN

1 Preparar la salsa rosa mezclando bien todos los ingredientes en un cuenco.

2 Lavar las hojas de la lechuga, escurrirlas bien y reservarlas. Trocear los palitos de cangrejo y las gambas. Pelar la naranja y cortarla en rodajas finas.

3 En un cuenco mezclar la naranja con la salsa rosa, los palitos de cangrejo y las gambas. Remover bien y reservar.

4 Cortar los panecillos por la mitad y disponerlos sobre una fuente. Colocar sobre la parte inferior de cada bocadillo 1 o 2 hojas de lechuga y un poco de la mezcla de cangrejo y salsa rosa. Cerrar los bocadillos y servir.

Este cóctel de delicias del mar es ideal para disfrutar en buena compañía. Los palitos de cangrejo son una rica fuente de proteínas de fácil digestión, por lo que este bocadillo sirve de plato único para la comida o la cena.

Bocadillo de pan negro con nueces, berros y queso

INGREDIENTES

Para 4 personas

- 8 rebanadas de pan negro
- berros
- 200 g de queso crema
- 75 g de nueces
- una pizca de sal de apio
- una pizca de pimienta negra molida

PREPARACIÓN

1 Sacar el queso crema de la nevera para que se ablande. Mientras, trocear las nueces.

2 Lavar y picar los berros. Mezclarlos en un cuenco con el queso crema y las nueces. Salpimentar.

3 Extender la mezcla sobre 4 rebanadas de pan. Cubrir con el resto de las rebanadas, servir y adornar con unos berros.

4 Este bocadillo se puede preparar con antelación y guardar en la nevera cubierto con film transparente. Conviene sacarlo 2 horas antes de degustarlo.

El contraste de la textura crujiente de las nueces y la corteza del pan con la cremosidad del queso convierte este bocadillo en un plato muy original. La sal de apio, una mezcla de sal y semillas de apio trituradas, aporta un toque agridulce.

Bocadillos y Sándwiches fríos

Rollito de pan ártico con anchoas y aliño de yogur

INGREDIENTES

- 4 piezas de pan ártico
- 16 anchoas en aceite de oliva
- 3 tomates
- 4 lonchas de jamón de york
- 5-6 hojas de lechuga
- 10 g de mantequilla
- 4 cucharadas de aliño de yogur a las siete hierbas (véase pág. 113)

PREPARACIÓN

1 Lavar y trocear las hojas de lechuga. Limpiar los tomates y cortarlos en rodajas finas.

2 Untar las piezas de pan con mantequilla y rellenar cada una con 1 loncha de jamón de york, 4 anchoas, lechuga y unas rodajas de tomate.

3 Disponer encima el aliño de yogur y enrollar los panes para obtener los rollitos.

4 Clavar un palillo en cada rollito para que no se desmonten a la hora de servir.

El pan ártico (llamado *mjuk tunnbröd*) es típico de los países escandinavos, donde se rellena con carne de reno ahumado y salsa de rábano picante. Esta versión con anchoas resulta más sencilla pero igualmente deliciosa.

Bocadito Niza

INGREDIENTES

Para 4 personas

- 4 panecillos
- 6 hojas de lechugas variadas
- 100 g de judías verdes finas cocidas
- 3 tomates
- 6 huevos de codorniz
- 1 lata de anchoas
- 2 latas de atún en aceite de oliva
- 1 calabacín
- 1 pimiento rojo
- 1 ramita de hinojo
- 1/2 calabaza
- 4 corazones de alcachofa
- perejil para decorar

Para la vinagreta:

- 4 cucharadas de aceite de oliva
- 2 cucharadas de vinagre de Jerez
- 2 cucharadas de zumo de naranja
- 1 cucharada de zumo de limón
- una pizca de sal
  - una pizca de pimienta negra molida

PREPARACIÓN

1 Lavar y trocear la calabaza, el calabacín, el pimiento, las judías, el hinojo y los corazones de alcachofas. Lavar los tomates y cortarlos en rodajas. Poner todas las hortalizas en una ensaladera y reservar.

2 Cocer los huevos de codorniz; cuando estén listos, pelar y trocear 4 de ellos. Añadirlos a la ensaladera que contiene las hortalizas junto con las anchoas. Con un tenedor, desmenuzar el atún e incorporarlo.

3 Preparar una salsa vinagreta mezclando los zumos de naranja y limón, el vinagre de Jerez y el aceite de oliva. Remover bien hasta ligar la salsa y salpimentar. Verterla en la ensaladera y remover para que todos los ingredientes se impregnen bien.

4 Cortar los panecillos por la mitad y retirar un poco de la miga. Distribuir en la parte inferior unas hojas de lechugas variadas troceadas y disponer encima la mezcla de atún y hortalizas. Decorar con medio huevo de codorniz cocido y un poco de perejil picado. Cerrar cada bocadito con la parte superior de pan y servir.

Inspirado en la tradicional ensalada de esta ciudad francesa, este bocadito es ideal para disfrutar de todo el sabor mediterráneo. Los huevos de codorniz poseen un bajo contenido en grasas (menos de la mitad de las grasas que tienen los huevos de gallina), por lo que se pueden tomar con más frecuencia, ya que aportan menos colesterol. Además son ricos en vitaminas y minerales, y dan un toque distinguido que sorprenderá a cualquier invitado.

Bocadillo marroquí

INGREDIENTES

Para 4 personas

- 2 *baguettes*
- 2 latas de atún en aceite de oliva
- 4 pepinillos
- 2 zanahorias grandes
- 2 tomates
- 2 huevos
- 2 cebollas
- 5-6 hojas de lechuga
- 50 g de aceitunas verdes deshuesadas
- 4 cucharadas de mayonesa

PREPARACIÓN

1 Cocer una de las zanahorias, cortarla en rodajas y mezclarla con la mayonesa.

2 Cocer los huevos. Mientras tanto, rallar la otra zanahoria y reservarla. Pelar las cebollas y cortarlas en aros. Lavar los tomates y los pepinillos, y cortarlos en rodajas finas.

3 Cuando los huevos estén cocidos, cortarlos en rodajas finas.

4 Partir por la mitad las *baguettes* y abrirlas para obtener 4 bocadillos. Untar la parte inferior de cada una con la mezcla de mayonesa y zanahoria. Disponer encima las hojas de lechuga lavadas, el atún escurrido, el tomate, la cebolla, el huevo duro, el pepinillo, un poco de zanahoria rallada y finalmente 3 o 4 aceitunas troceadas.

5 Decorar el plato con zanahoria cortada en juliana.

Este es un bocadillo delicioso y completo, pues la combinación de hortalizas, atún y huevo aporta una buena dosis de vitaminas, proteínas y minerales. Es originario de la ciudad marroquí de Tánger, donde se suele tomar acompañado de patatas fritas y té con hierbabuena.

Índice

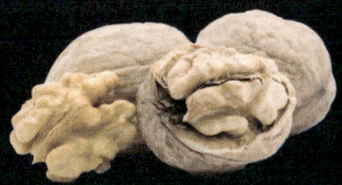